ちくま文庫

お江戸暮らし

杉浦日向子エッセンス

杉浦日向子

筑摩書房

目次

壱　武家

お江戸漫画館　1

弐　黄表紙

お江戸漫画館　2

参　遊里

お江戸漫画館　3

四　珍奇

「お江戸珍奇」より

お江戸漫画館　4

伍　浮世絵

七　極楽

杉浦日向子エッセンス

お江戸暮らし

壱　武家

江戸の華

火事と喧嘩は江戸の華。

燃えさかる紅蓮《ぐれん》の炎を背負って、火消しの衆が、鬼神の働き。水滸伝・九紋竜史進《くもんりゅうししん》ばりの刺青《いれずみ》に、玉の汗がほとばしる。

オヤマア、なんと、物騒なこと。

火事と喧嘩。およそ、ユートピアにはあってはならないこのふたつのタブーを、大胆不敵に、みずからの「華」と誇る都市。その江戸こそは、二世紀半の間、内乱も対外戦もなかったという、世界史上、たぐい稀なる泰平を維持した、世界最大の街だった。

二世紀半。今われわれは、戦後半世紀をくらしているが、その五倍、つまり、あと二〇〇年、この（とりあえずの）平和がつづくことを意味する。とほうもない歳月である。

二五〇年間、ＧＮＰの伸び率がほとんどないも等しかった。なんの変哲もない日々が、とめどなく延々とくりかえされる。江戸時代における、凶悪事件の発生率と、飢饉や天変地異での被災率を合わせたところで、われわれが日夜交通事故に遭遇する確率とは比すべくもなく、はるかに低い。泰平とは退屈なこと。そんななか、熱狂の火事と、激情の喧嘩が、祭りとなる。

沸騰する現代においては、火事も喧嘩も、膨大な厄介事のひとつにすぎない。華どころか、犬の糞だ。火事と喧嘩が、江戸の華たりえたのは、ゆるぎない泰平があったからこそのこと。

戦争は三日で狂気に呑まれる、平和は三日で倦《う》む。戦争は文明を飛躍的に進歩させうる、平和は魅惑的に墜落に導くことも易い。

大海に浮かぶ箱庭のような国土で、二世紀半の泰平を、倦まず、さりとて墜落もせず、くらしていた。そして、安定した人口と、同時代の主要国と比しても、なんら遜色のない文化を享受していた。このことは、世界史の奇跡といって、過言ではない。

江戸の近世封建制は、近代の義務教育で「士農工商のきびしい身分制」と刷りこまれたから、火事と喧嘩を喜ぶような、しようもない愚民を、強圧的に支配した特権階級としての武士の時代、とイメージされつづけて久しい。

「士農工商」などという四字熟語は、明治以降、突如ポピュラーになったものだ。江戸のころは、単に「士民」とだけ称していた。武士とそれ以外の者。双方は支配・被支配の関係ではなく、分業意識があった。総人口の、約一割の武士は、有事のおりの戦闘要員であり、平時には、主食であると共に、経済の根幹をなす米の管理者として、公僕の職務を遂行した。だいたい、一割の武士が九割の民を、抑えつけるだけの政策で、二世紀半ものながきにわたり、安楽にすごせるはずもない。民《たみ》はそれほど愚かではない。

戦乱の世には、武力をもつ者が主役だ。が、泰平の世には、生活を支える生産者と消費者が主役だ。武士は領地（管理地）から収穫される米の数割により養われる。戦乱がなければ、あらたに獲得する領地もなく、武士の給与は固定されたままとなる。そして、武士はもとより何も生みださぬ非生産者である。質素倹約が武士の合言葉で、消費は極力ひかえるのを美徳としていた。

されぱこそ、泰平の江戸は、民の時代だった。

ヨーロッパ中世封建制は、民は領主の所有物であり、働くため生かされているのであって、民の側から広く世に文化を発信するゆとりなどなかった。文化はつねに、領主の楽しみのために調達された。多くの美術工芸品、戯曲、バレエは、富をもつ者の嗜好に供され、大半の芸術家は、パトロンのご機嫌をうかがいつつ創作した。

が、江戸を代表する文化、歌舞伎、相撲、寄席、浮世絵、俳諧、歌舞音曲、釣り、盆栽、書画骨董、旅行、おしゃれ、食道楽。これらの、くらしを彩る、愉悦の数々は、すべて、「民」が造ったものである。ばかりか、チープ・ガバメントであった幕府は、本来、自治体が担うべき公共事業（保健・福祉・産業開発）のほとんどを、民の私財と自主活動にたよっていたのだ。

明治維新で身分制が崩壊し、民百姓が解放され、歓喜にむせんだというのは鵜呑みにできない。むしろ、誰より文明開化の恩恵に浴したのは、武士階級という檻から解かれ、勝手に生きる自由を手にした侍たち（かれらの九割が、食うや食わずの下級士族だった）ではなかったか。帯刀という腰の錨からのがれ、気ままに芝居小屋や寄席に立ち寄り、縄のれんで一杯ひっかける、日常の贅沢。

ながい泰平は、民のくらしを真ん中に据えて、個人がじっくり選択し、ほんとうの豊かさを追求する、ゆとりを育んだ。

現代は、泰平なのだろうか。過剰なまでの生産と消費は、戦乱さながらだ。厭なニュースは毎日つづく。富と権力が、平気で民をあざむく。はたして、これが、泰平といえるのだろうか。

（一九九七・七「季刊でんぱっつ」）

かわいそうな江戸

江戸時代には暗ーいイメージがつきまとっています。士農工商、年貢、武士道、切腹、仇討《あだうち》……民《たみ》は搾取されて疲弊し、武士は規律でガンジガラメ……ツルカメツルカメ。今までそういった暗いほうばっかり一所けん命研究されてきたようなのです。

それらの江戸時代像は一面的なものにすぎません。その他の、ごくあたりまえのことをもっと見てみたいと思うのです。

〝生かさぬ様殺さぬ様百姓からシボリ取れ〟なんていうのは、はじめの六十年くらいです。それから後は年貢を納めて尚《なお》、ゆとりが残ったそうです。何より戦争という大消費支出がありません。二百六十年間戦争がなかったというのは、百四十年間戦争を体験しなかったアルゼンチンの倍近い訳ですから、自慢しても良いのではないでしょうか。

キリステ
ハラキリ
想愛す
戸江な
郷村百姓共をば
死なぬ様に
生きぬ様にと
合点致し収納
申付くる様へ
搾取
ぐすっ
ミウリ
イッキ
Tokugawa Japan 1603 〜 1867

近世封建制を手放しで礼賛する気はありませんが、かといって、中世封建制やヨーロッパのそれとは明らかに違う、もっとひらけた、秩序的にも社会構造的にも明快なものと思います。そして、風土・民族に適合した生活様式であった筈です。明治維新からついこのあいだまで戦争を絶え間なくやってきた近代日本は、やっぱり無理をしているとしか思えません。

東京の昔としての江戸は三回つぶれています。まず維新、震災、そして戦災。ことに戦災は潰滅的《かいめつてき》だったといいます。三回ぐちゃぐちゃになったあとに生れ、江戸を体験した人との接触を持ちえない時代の私達、つまり、隔世のわたしらが、ここで江戸を考えてみなければ、江戸とのつながりはプッツリ絶たれてしまう訳です。江戸が残るか消えるかは、まさにわたしらの世代によって決定されるのであります。

さて、今日もテレビでは勘定奉行と悪徳商人が善良な市民をいじめています。六尺棒を持った捕方や悪人の手下がラスト七分間で意味もなくたくさん死んでいきます。彼らとて妻子もあろうに……合掌。

ブラウン管の江戸時代もなんか変です。といいつつも楽しんで見たりしてますが、どうも別世界ぽくてわたしらの江戸とは違います。

上品なおじさま方が嗜好《しこう》なさるところの〝江戸趣味〟というものもどこかズレています。

あれは本棚にブリタニカの原本を飾るのと似ています。

わたしらの江戸とは何か。同じ地ベタに生活する、チョン髷《まげ》の子孫にとっての江戸とは、毎日食べるゴハンやオミオツケのように、自然と体に取り入れられて、そしてエイヨーとなる文化でなくてはなりません。

かくいうシダイで〝わたしらの江戸〟のオイシイ文化をツマミ喰いしてみたく思います。私自身、浅学モノでウンチクなど吹けば飛びそうですが、日々感じるところの新鮮なオドロキや素朴なギモンを逐一点検するかたちでのぞんでゆきます。乞うご期待。

（一九八三・九「マザー」）

江戸のディレッタント

「なんで江戸が好きなんですか？」と聞かれると、いつもうまい答がみつかりません。たとえば南極とかガラパゴス諸島に行ってみたいというのと同質で、皇帝ペンギンの群の中にボーゼンと佇《たたず》んでみたいとか、イグアナと戯れてみたいとか思うのと同じように、江戸時代へ行ってバクゼンと数日間暮らしてみたい、できれば毎年ひと月は江戸時代に住みたいという感覚なのです。

ただ決定的な違いは、現実化が不可能という点ですが、それでもファルコン号でハン・ソロとランデヴーを楽しみたいというのとも違います。それは、「足下の過去」だからであります。

とはいえ、ミーハー的心情に少しの隔たりもない事はコックリ認めます。

「もし〜だったら」というifあそびをしたいと思います。

江戸時代に住むのなら、どんなニンゲンが良いか。迷うことなく大店《おおだな》の若旦那です。

通人
あこがれの君
キャア
・淡い好み
・表に出さない
深いインテリジェンス
・寛容、篤実
な性格
野暮
ぼーっ
うぶな息子
・基本通りの着こなし
・無難な好み・従順
キャーかわいい
武骨な侍
・単純
・扱いがラク
・フェミニスト
田舎者
・ボクトツ
半可通
哀愁
ふっ
しつこい女は
きらいだぜ
・ブランド志向
・何事も行き過ぎ
・下心みえみえ
人間臭さゆえの
哀愁……

しかもタダの若旦那ではなく、謹厳実直な弟に家業を譲り、財産を半分こして風雅な地に若隠居をするという念の入れようです。

滝亭鯉丈《りゆうていりじよう》描くところの『花暦八笑人《はなごよみはつしようじん》』の左次《さじ》さんがソレです（八笑人は落語「花見の仇討」のモトになった戯作で、講談社文庫で手軽に読めます。ゼヒおためしを）。アア左次さんになりたいと日夜願っております。

要は江戸のディレッタントにあこがれているのです。江戸のディレッタントは三種に分けられます。つまり、〈通人《つうじん》〉〈半可通《はんかつう》〉〈野暮《やぼ》〉であります。

〈通人〉といえば、趣味人《ディレッタント》の最高峰であり、皆が目指すところであります。〈半可通〉というのは、その登頂に失敗し、しかもソウナンに気付かず、本人は征服した気になっているのが特徴です。この人達は遊女にふられたり、イロイロばかにされたりする訳ですが、ソコハカとなく哀愁ただよう愛すべき人々です。

〈野暮〉はいうまでもなくダサイ人です。が田舎っぽいとは別に未熟である事もいいます。ウブな息子は後者の野暮であり、つまり成長株といえます。通人の予備軍もこの野暮中にあるのですが、野暮は野暮のままでも、かわいいとか純だとかいわれて、意外と遊女にもててしまったりするのです。

野暮には通人への可能性が残されていますが、半可通は通人になりえない存在です。

野暮↓半可通↓通人という図式は成り立たず、半可通は別種の個体といえます。半可通の哀愁というのは、どうやらそのへんにあるようです。

さて、〈通《つう》〉とは何でしょうか。

「あの人は粋《いき》だね、通だね」とは未だにいいます。通と粋は同義のようです。さっそく名著『「いき」の構造』を岩波文庫で読む。なんだかわからない。で『「いき」の構造』を読む』という朝日選書を読む。一向にわからない。ソコはソコ、江戸時代人の美意識なんだと納得して、自分が見て、通だな粋だなと思う身だしなみ、着こなしを図解し、「あなたもなれる江戸の色男」を立案いたします。ということで次回はまず「男はあたま」とか、今の理髪店にも貼ってありますが、マゲについてチェックします。では。

（一九八三・一〇「マザー」）

太長いのにはコマリモノ

江戸の美意識の基本に、ごてごてせず、すっきりと垢抜けのした状態があります。ところがブラウン管にでてくるチョン髷《まげ》はごてごて野暮ったいか、ボソボソむさ苦しいかのどっちかです。これはしたり。

可楽の「三方一両損」に「江戸ッ子てェ奴ァはきものが新しくって頭がサッパリしていりゃあ江戸ッ子だ」というくだりがありますが、ウヅマサの江戸ッ子は、頭がモッタリしたエタイの知れない江戸ッ子です。

町人といえば、あちこちポウッとふくらんだ〈袋つき〉のカツラ、侍なら何でもかんでも引ッ詰めです。大雑把にいえばソレキリですが利点もあります。というのはチラッと画面を横切っただけで侍か町人か見分けられるからです。そういった便利さを残してなお、改善の余地はイクラでもあります。

見慣れてしまうとウヅマサ風がなんともなくなりますが、あれは歌舞伎の舞台風俗

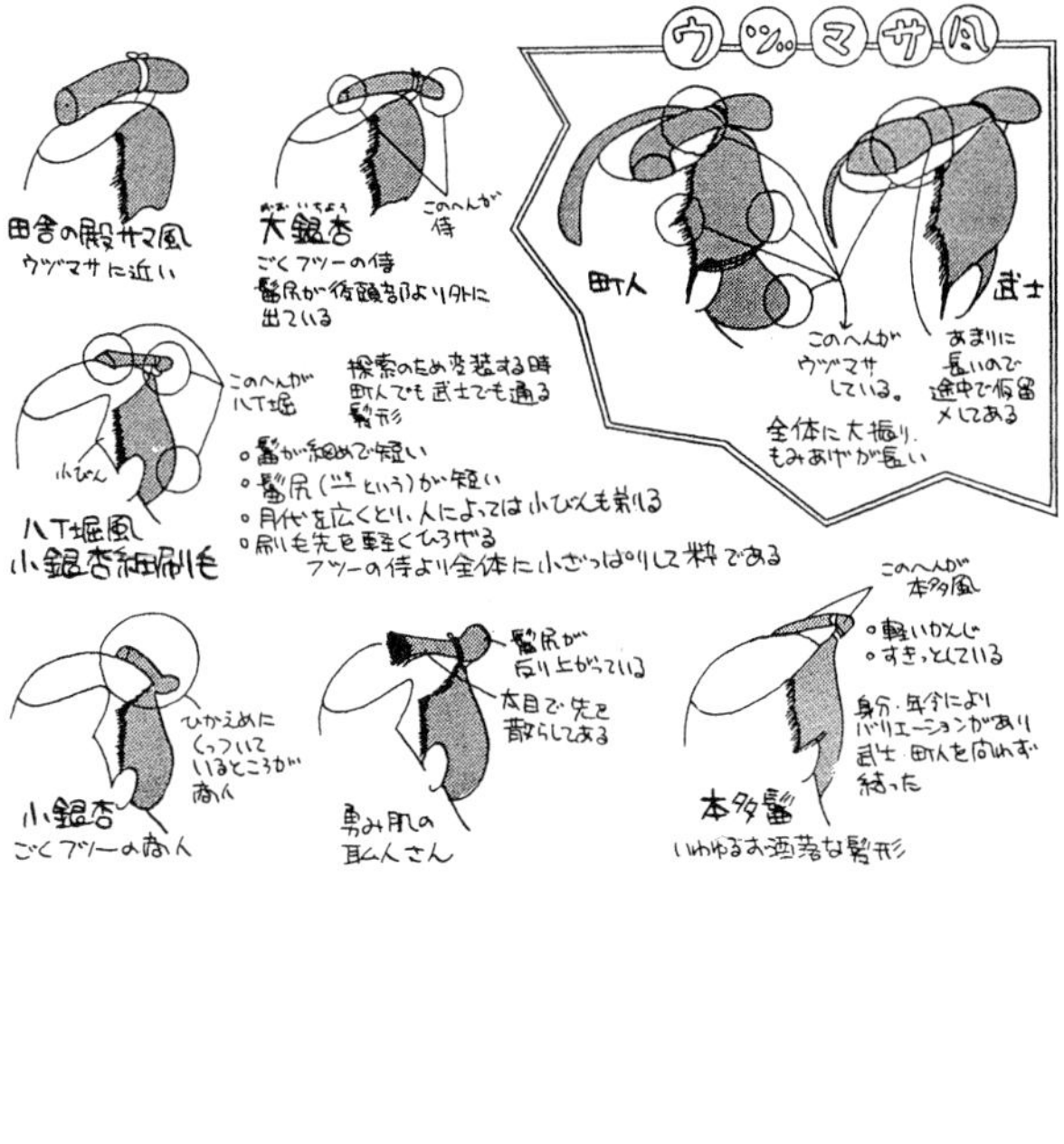

田舎の殿サマ風
ウヅマサに近い
大銀杏《おおいちょう》
ごくフツーの侍
髷尻が後頭部より外に出ている
このへんが侍
ウヅマサ風
町人
武士
このへんがウヅマサしている。
あまりに長いので途中で仮留メしてある
全体に太振り、もみあげが長い
このへんが八丁堀
探索のため変装する時町人でも武士でも通る髪形
小びん
八丁堀風
小銀杏細刷毛
○髷が細めで短い
○髷尻（という）が短い
○月代を広くとり、人によっては小びんも剃る
○刷毛先を軽くひろげる
フツーの侍より全体に小ざっぱりして粋である
このへんが本多風
○軽いかんじ
○すきっとしている
身分・年令によりバリエーションがあり武士・町人を問わず結った
本多髷
いわゆるお洒落な髪形
ひかえめにくっついているところが商人
小銀杏
ごくフツーの商人
髷尻が反り上がっている
太目で先を散らしてある
勇み肌の職人さん

に近く、何もかもが巨大化しています。舞台でこそ見ばえもし、効果的でありますが、一般的江戸生活でアレをやってはアホタレです。ＯＬがタカラヅカの娘役のメークで出勤するようなものです。

侍の場合、田舎のおエライさんなら現行の〈太長でかでか大銀杏《おおいちょう》〉でも、ラシイ雰囲気はありますが、八丁堀の旦那まであれではコマリモノです。きれいに剃りあげた月代《さかやき》の上に、のてーっとノリ巻のような髷《まげ》はグロテスクです。あれをせめて２／３の太さ長さにすればグッと男前があがる事必定、八丁堀なら半分にすべきです。

町人も同様です。遊び人の金さんの髷もヒサンです。はけ先をちょいと曲げるのは、あだっぽくて粋ですが、太長いだけに、かえってなさけなく、ナマコの甲ら干しです。

また、粋人や若旦那なら、ぜひとも本多髷をやってほしいです。江戸中期以降、本多髷は通人のライセンスとまでいわれたスタイルです。前述の小振りの髷尻をぐっと上げるとそれらしい雰囲気がでます。

（ウヅマサ風の影響か、近年はお相撲さんの髷まで太長くなってきました。千代の富士などはかなりウヅマサです。隆の里や北の湖が比較的古風で美しい髷です。）

チョン髷といっても結局カツラですから、忠実な再現は望むべくもないことです。

が、髷先の長さ、太さ、根の上げ下げといった小細工で、時代色、暮らしぶり、人柄の〈らしさ〉を暗示することはできるのです。

映像《ドラマ》はチャンバラでも史劇でも等しくフィクションであり、風俗もドラマ的にデホルメーションされて当然です。がデホルメとデタラメはやっぱり違うのです。効果をねらっての〈太長でかでか〉ならデホルメ、前からソウだからという惰性ならデタラメなのです。

こうるさいディテールのチェックが、フィクションに説得力と活力を与えるのです。

粋な江戸ッ子、ブラウン管に出でよ！

（一九八三・一一「マザー」）

将軍は三日やったら嫌になる?

春の好天は三日続かぬと申します。降り込められた休日の午後に、こんな本はいかがでしょうか。題して『旧事諮問録《しもん》』(岩波文庫・上下)、サイズといい価格といい、寝そべって読む本として、上々かと存じます。

『旧事諮問録』とは「旧事諮問会」の「記録」という意味です。「旧事諮問会」とはまたの名を「書外事実質問会」と申します。「書外事実」、つまりは、公的機関(明治政府)の編さんした歴史書から、こぼれ落ちてしまう事実を、その当事者(旧幕臣)から聞き出しておこうじゃないかという会でありました。

『旧事諮問録』の読みを「きゅうじ　しもんろく」から「ふるきこと　たずねしきろく」と変えてみると、この本の内容がわかります。

副題に——江戸幕府役人の証言——とあるとおり、旧幕府の人々、上は将軍の側近から、下は同心までの、生活の証言を集めています。質問者の問いに答える一問一答形式をとっており、話し言葉そのままを速記しているため、読む内に、その場の一員になったような錯覚がします。明治の大改革のあおりをモロに受けたのは、言うまでもなく徳川家の遺臣たちです。いかにも武士らしい、淡々とした折り目正しい口調のなかに、過ぎ去った時代が色濃くただよっています。

たとえば、十四代将軍家茂のお小姓を務めていたある老人はこんなふうに語りだします。

「御質問の前に当りて一言申し上げて置きますが、幕府中の御話をしまするに、現今の言葉に改めて御話をいたすと情の移らぬ事がある。それ故、やはり公方様《くぼうさま》益《ますます》御機嫌能恐悦奉存候《ごきげんよくきょうえつにぞんじたてまつりそうろう》という調子で、御の字が付かぬと情合《じょうあい》が移らぬようであります。しかし中には、そのままに御話をすると甚《はなは》だ現今の人の御存知のない事もあります。速記の方も、洋語を筆記なさるよりも難しいこともあろうと存じます。

……」

旧幕時代の言葉廻しが、外国語よりもむつかしいかも知れないと言っていますが、この質問会が明治二十四年のこと、わずか二十四年前の「旧幕時代」が数百年も経たことのように述べられています。いかに、時代の変転が過激であったか、だからこそ、質問者の面々も、いままさに消えんとする記憶を、少しでも紙の上に留め置こうと、懸命になっています。全編のなかで、何といっても興味深いのは、将軍の起居についての一項です。徳川時代にあっては、将軍家の私生活などは、幾重もの厚いヴェールにおおい隠され、旗下の武士といえども容易に窺《うかが》い知ることのできないものでありました。知っているのは、ほんの数人の側近ばかりですし、その側近たちも、きつく他言をいましめられ、そして守っていたのです。

この、秘中の秘が、幕府瓦解《がかい》により、初めて明らかにされました。

◎問　平生《へいぜい》の服は、始終新しいものでありましたか。

◎答　以前は新しいものでありましたが、しかし（財政困難の時節となりましてより）ずいぶん汚れたものもありました。（中略）

◎問　それは諸藩の方がかえって奢っておりますね。

◎答　さようかも知れません。（中略）

◎問　御酒は如何。

◎答　きまって召し上りはいたしません。平日はただ御飯だけでありました。（中略）と、申して、全くお嫌いでもなかったのでありましたが、やはりお一人の御酒盛ゆえ、自然御興《ごきよう》も薄き道理でございます。（中略）

◎問　御飯は普通の炊《かし》ぎでありましたか。

◎答　御飯は蒸飯《むしめし》であります。米を笊《ざる》に取りまして、沸騰《ふっとう》する湯の中へ入れて煮上げまして、さらにそれを釜にて暫時《ざんじ》蒸すのであります。味は至って淡泊のものであります。（中略）

◎問　三度の御食事の器物はいかなる物でありしや。

◎答　器物は麤末《そまつ》の品にて、椀の如きは世間で売っている普通の、外側の黒い、内側の赤い色の椀でありました。（中略）

◎問　中奥（将軍の住居）にては何か遊戯はありませんか。

◎答　お遊びはありません。元日から大晦日《おおみそか》まで同様であります。元日の如きは、諸大名が参内《さんだい》するとかいうようなわけで、遊ぶ暇がありません。なかなか繁劇なもので、遊ぶどころではありません。

こう聞いてくると、将軍職というものは、たいそうつまらぬもので、諸事質素、酒盛りは一人でつまらない、しかも、この酒は、「御膳酒《ごぜんしゅ》」という特別なもので、真っ赤で嫌な匂いのする数年も経った古酒といいます。常人なら、三日も耐えられない生活です。

そのほか、大奥や諸役職についてのさまざまな話が語られるのですが、秀逸なのは「お目付《めつけ》」の話です。お目付とは、諸役人、及び武家全体を監察・弾劾《だんがい》する役目で、当人の言を借りれば「早く申すと、告口《つげぐち》をするのです」という仕事です。「何某がかような不手際をいたした」と目付が老中に告口することにより、失職、悪くすれば切腹のうえ断絶に追い込まれた家も相当あったようです。

◎答　総体、目付は悪《にく》まれる役でした。

◎問　ずいぶん悪まれる程の事を遣《や》っていたのですか。

◎答　さようです。私も目付を勤めておりますうちは、知らずにおりましたが、他の役に転じましてから、往々、目付には困りました。

この問答でもわかるとおり、回答者の山口某氏が飄々《ひょうひょう》とした好人物であったのが、ことのほかこの一項を光ったものにしています。

◎問　どこへいっても、威儀を正して、御目付で遣《や》っているのですか。

◎答　さようです。どこへいっても、立派にそう遣っておらんければならぬので、着物の品柄から質素を旨として他向とは違うのです。それにまた奇なことがありました。歩行《ある》き方があって、よっぽど奇態です。若い人が聞くと抱腹絶倒です。当直の者が登城をするときに、隅々まで見極《みきわ》める趣意で歩くにきまりがありました。通常の人は大手の内でも、雪の除けてある所を歩きますが、御目付は直角に行くのですから、雪道が付けてない処を歩かねばならぬ。堀端《ほりばた》の方へ突当るのです。堀端は雪が掻《か》いてない。そこで下馬をして、足駄を穿《は》いて歩いていくと、歯の間へ雪が溜って、ごろごろして歩けやあしない。たまらないから、たびたび足駄の歯の雪を供がこんこんと敲《たた》いて払って、そしていくのです。番所の者があーと声を掛けておりますが、人を制すのです。ところが、こちらは暇がとれるから、いつまでも声を掛けております。

これは、つまり、お目付というのは武士の規範を体現する役であるから、道を歩くにも、対角線上の近道を通らずに、まん中に道なき道を歩いて行かねばならないということです。こんなところに、徳川時代の雰囲気が感じられます。

これらを読んで、さらに興味を深めた方には『幕末の武家』（青蛙房）をおすすめします。巻頭の、広島安芸の藩主・浅野長勲の述懐が、将軍家に劣らず窮屈な大名生活を伝えていて、上《うえ》つ方《かた》の苦労がしのばれます。

（一九八六・四「週刊宝石」）

私、忠臣蔵はわかりたくありませんという話

私は江戸時代が大好きで、時代モノのマンガばっかり描いてます。

江戸というのはジジムサク思われるようで、若い読者の方から、キンチョーしたお手紙を度々いただきます。おっかない偏屈なオバチャンがマンガ描いとるように思うのでしょうか、初対面の方なんかも「イガイとお若いんですね」などとおっしゃいます。私は若づくりのバケモノかなんて、いじけちゃいますが、実際、若いんです。二十五です。(もうすぐ二十六だけど)

なぜ江戸が好きなんだろう、というと、これは、なんといっても、オモシロイから好きなんです。

私達は江戸を生きた人から五代目にあたります。つまり、完全なる隔世の世代です。荷風や潤一郎のように、江戸のシッポもなければ、懐古も感傷もありません。

そういう私が、オモシロイ、というのだから、これは、マチガイなくオモシロイん

です（ああ、ついリキが入ってしまうッ）。

江戸がジジムサク思われるのは、ひとえに、時代劇がヘンチクリンなのが悪いッ、と言い切ってしまいます。ソコから、江戸をイメージしたら、やっぱりジジムサイ以外の何モノでもないなあなんて、ナットクしてしまうのです。

「時代劇なりのオモシロサ」は認めます。私だって、あれやこれや言いつつも「桃太郎侍」の再放送を見たりするんです。けれど、「足下の過去」としての「江戸という時代」は、どこへ行ってしまったんだろうと思うのです。

「時代劇」のモンダイは、ムツカシイ問題です。高名な時代考証の先生方が「あれはいかん、これはいかん」と十年来、叫びつづけても、あんまり効果はあらわれないんです。作り手と受け手の「慣例」のスクラムが、ガッチリしすぎて、くずせないんです。

こうなったら、いま、時代劇の低迷期だなんていわれますが、とことん視聴率下がって、イッソ、きれいにツブレテ、しばらく間を置いて、全く新しく入れ替った、作り手と受け手の時代を待つほかないんだ、などと、カゲキに考えています。

それは、サテオキ、年末になると、コダワル事が、ひとつ、あります。そうです、アノ忠臣蔵なるものです。『忠臣蔵とは何か』という名著が上梓《じょうし》されたりして、今年もナカナカ忠臣蔵していますが、私は、やっぱり、わかりたくありません。

私自身は東京生れですが、親の代までは、ずうっと米沢人で、米沢といえば、忠臣蔵の敵役《かたきやく》、吉良の血縁であります。そんなわけで、米沢は昔、忠臣蔵の上演されない町であって、祖父や父なんかも、年末恒例の、忠臣蔵のテレビ映画は絶対見ないという具合なのです。

マァ、そういった因果関係も作用してか、忠臣蔵は、気持ちのよい話には思えません。元禄十五年十二月十五日早朝に、浅野家の浪士四十七名が、吉良家主従四十名を殺傷したという事実だけが、頭に残るのです。吉良上野介は、たとえば、殺されても仕方のない因業《いんごう》ジジイだったとしても、吉良の家臣たちは、どう考えても可哀相です。忠臣蔵浪士の一人、原惣右衛門によれば「敵対して勝負仕《つかまつ》り候者《そうろうもの》は三、四人許《ばか》り、残りの者どもは立合《たちあい》に及ばず、通り合せに討捨て」たというのですから後味が悪いです。

「女たちの忠臣蔵」なるオシバイもあります。忠臣蔵を裏から見たというので、うっかり期待してしまったのですが、やっぱり、表からしか見ていませんでした。これは、四十七名の浪士の妻や恋人たちのことを、可哀相だ、とする話で、ついに、吉良方は可哀相だとは言ってくれませんでした。

いちばん可哀相なのは、ついでに斬られて死んだ、吉良家の家臣の妻や子ではないでしょうか。そういった、ネッから損な役割の人々の前で、悲劇のヒロインを演じても、私は、やっぱり、冷ややかにならざるをえません。

テレビ時代劇だってソウです。ヒーローが悪者の屋敷へ突入すると、悪者の親玉が、家来に「斬れッ斬れッ」とかどなって、家来はバッタバッタと斬られて、最後に親玉が斬られる。悪者の家来そのものは悪くないのに、たまたま、主人が悪かったおかげで、ついでに斬られてしまう。彼らにも、妻や子があるのです。あんまりじゃありませんか。

不幸の星というのは、あるものです。

吉良上野介の養子、左兵衛義周《さひょうえよしちか》も、まったく、不幸の星としか言いようがありません。米沢藩上杉家十五万石の若君として生れたが、祖父にあたる上野介の養子となる。そして、あの討入りがあって、家中の半数は死傷、義父《おや》は首を取られ、自分も、額と脇腹へ二、三カ所の傷を負う。そればかりか、むざむざ親を討たれた甲斐性《かいしょう》なしと咎《とが》められて、信州諏訪に幽閉され、そこで悶々と日々を送るうちに、ノイローゼに陥り、三年後に十九歳十一カ月の短い生涯を閉じるのであります。

左兵衛は、ほんとうにツイていない。後々の世まで、誰も同情すらしてくれない。泉岳寺の赤穂浪士の墓所は、未だに名所で花や線香が絶えないのに、片や、斬られた側の、吉良の家臣は、埋骨の地点さえわからない。損な役廻りは、いつまでも損だということです。南無《なむ》。


（一九八四・一二「ザ・テレビジョン」）

お江戸漫画館　1

吉良供養（上・下）

本朝大義考

吉良供養 上

検証・當夜之吉良邸

東都・杉浦日向子考画

「大義」が殊更物々しく持出される時人が多勢死ぬ。快挙とも義挙ともはた壮挙とも云われる義士の討入は まぎれもない惨事だと思う。ヒナコ

図 吉良家見取圖と被災概要一覧

吉良氏は鎌倉以来の名族で高家《こうけ》を司り、体質的には武家よりも公家に近い。禄高は四千二百石とは浅野五万石とは位ぶべくもないが権威、格式に於ては大名にも劣らなかった。

一体、職掌が典礼儀式にあるので高家などの家臣は自然、武辺に縁遠い。

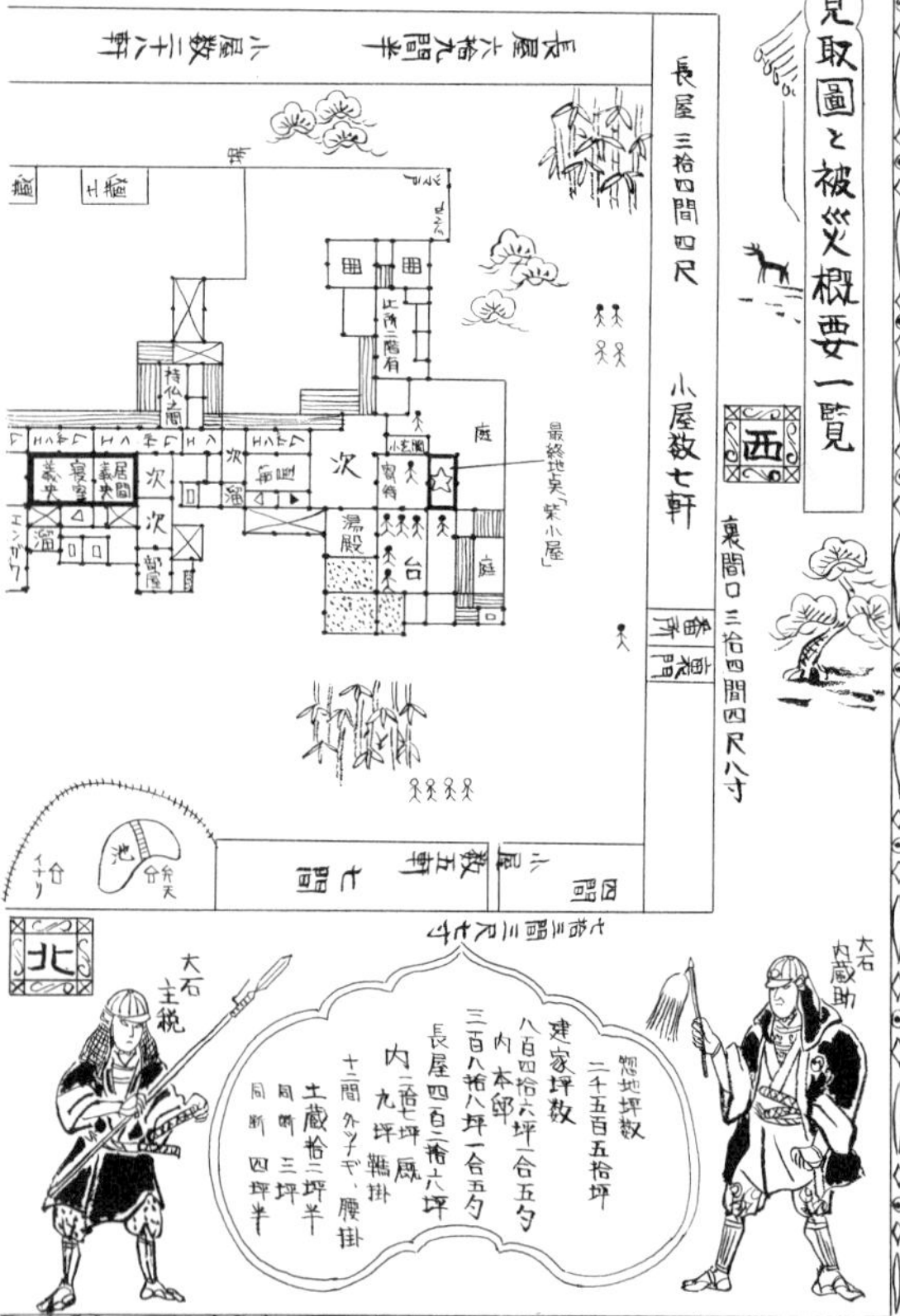

長屋 三拾四間四尺
小屋数七軒
裏間口 三拾四間四尺八寸
西
北
次
湯殿
台
庭
池
最終地点「炭小屋」
大石内蔵助
大石主税
惣地坪数 二千五百五拾坪
建家坪数 八百四拾六坪一合五勺
長屋四百二拾六坪
土蔵拾二坪半

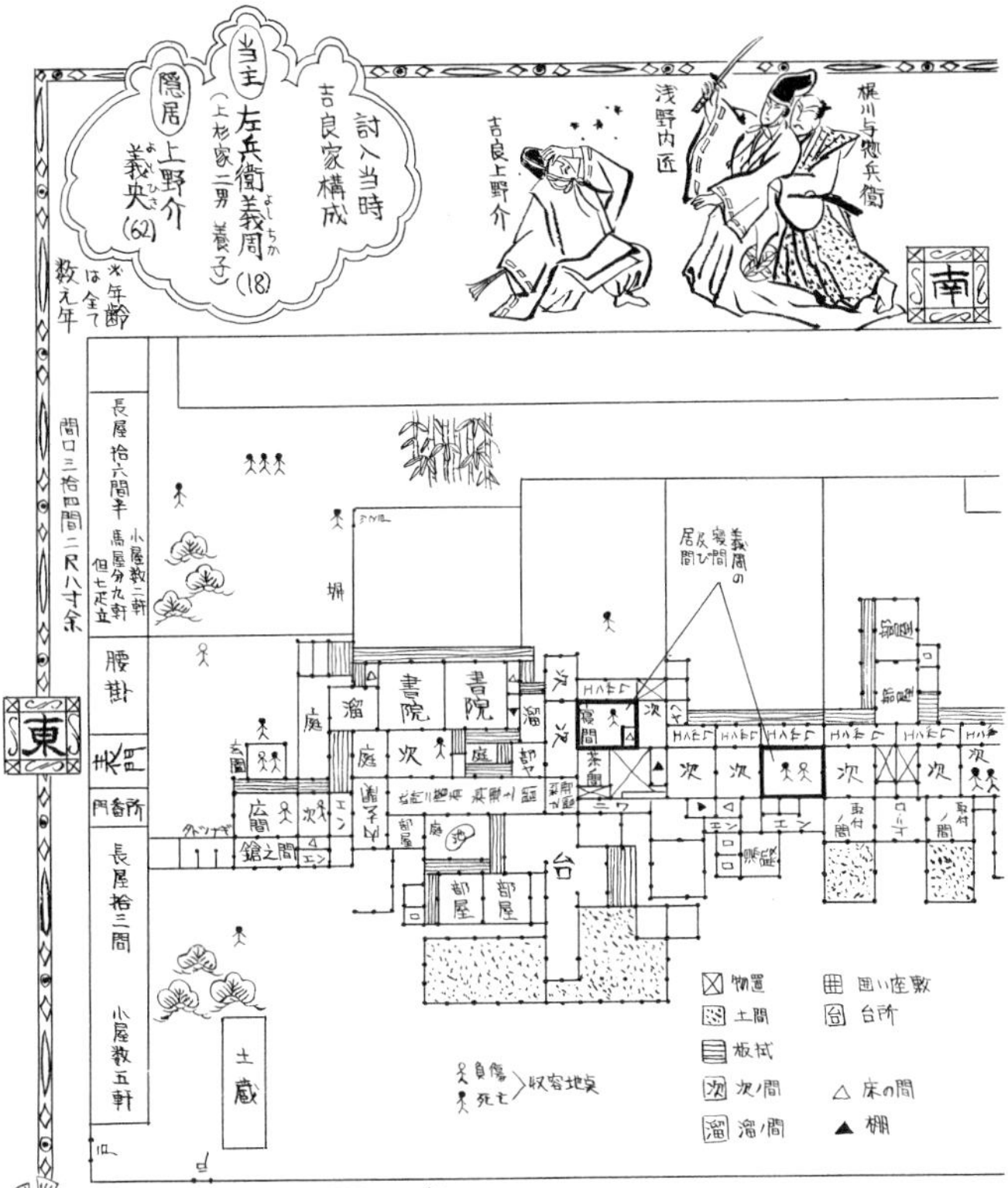

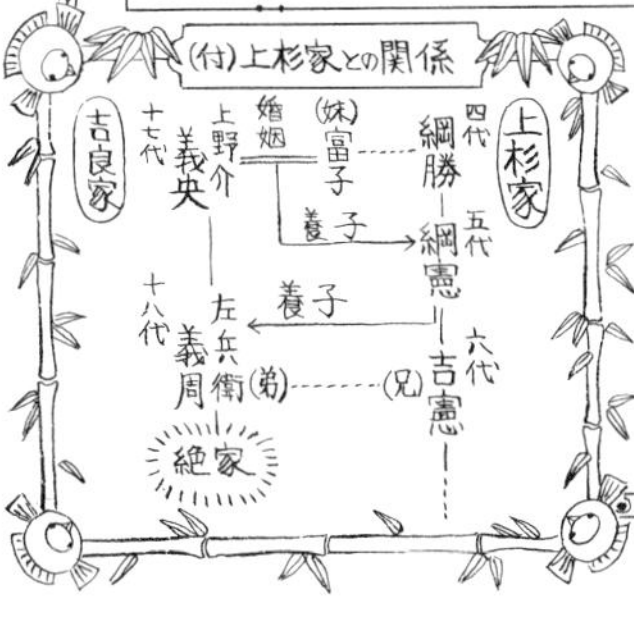

当夜吉良邸の人数は八十名前後、女はいない。というのは屋敷の破損がひどく修繕中であった為女中達は奥方と共に白金の実家に寄宿していた。

又、吉良側ではこの奇襲を予知できず、従って無防備であり、上杉方からの助勢もない。

当夜本邸へ宿直《とのい》していた侍は平生通りの二十二名である。

<解説のペエジ>

元禄十五年
（一七〇二）
十二月十五日
寅の上刻、七ツ時
（午前四時）
本所松坂町
吉良邸。
表門隊
大石内蔵助
以下二十三名。
本邸
表門
長屋
町家
牧野一学邸
日向子画
ざ！

誰だ
当番物音ヲ怪シムノ圖
火事だ
?!
火消し役人だ。
あっ
表門番足軽 岩田弥惣兵衛 負傷
どうした
同僚
だだっ
賊だッ

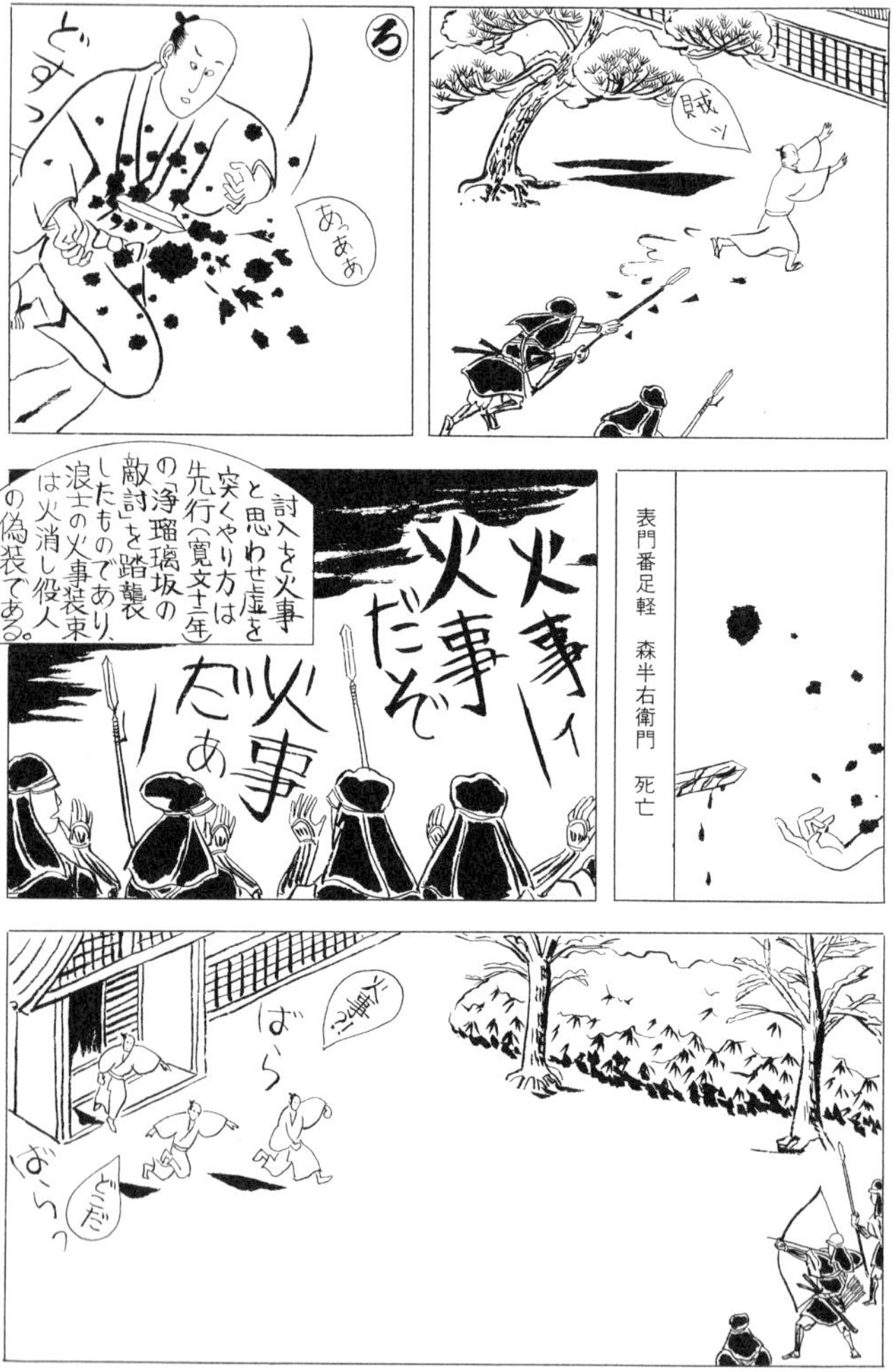
賊ッ
どすっ
あっああ
表門番足軽　森半右衛門　死亡
火事ィー
火事だぞ
火事だぁ
討入を火事と思わせ虚を突くやり方は先行（寛文十二年）の「浄瑠璃坂の敵討」を踏襲したものであり、浪士の火事装束は火消し役人の偽装である。
火事!?
ばら
ばらっ
どこだ

う
うわーっ
何だ あの声は
足軽 丸山清左衛門 中里仁右衛門
門の下番 八太夫
駕舁 兵左衛門
馬の口取 吉右衛門
右三名死亡
はにほ
両人腰ガ抜ケルノ圖
はあーっ
中里
丸山
や
夜襲だ。

うう―
ずるずる
よせッ動くと危ない。
丸山は何としてか屋敷を抜け出し日比谷の上杉邸へ駆け着けて御注進〳〵とやる。
ところがそれより早く吉良邸の異変に気付いた近所の豆腐屋が日比谷へ走っていた。
裏門隊大石主税以下二十三名。
開門
開門ッ
邸内に火の手が見えるから開門しなさい。
火消し役人だ
どんどんどんどん
夜分のご出役ご足労に存じますが当家に火事はございません。

いや、そうではない。今、書院と思われる所からどんどん火が出ている。
早く門を開けて火消しを入れなけりゃいかん。
しかし仰せの様な火は一向に認められぬので開門はなりません。
どかっ
どかん
おやめ下さい。
どかん
どかん
狼藉ッ
狼藉ッ
へ
うっ
門当番足軽　大河内六郎右衛門　重傷（十日後に死亡）

おおい
火事だあ
火事ィ
火事だ
だぞんっ
火事ト聞キ長屋ヨリ飛ビ出デシ人々ノ圖
どこだ
なんだ
長屋出入口

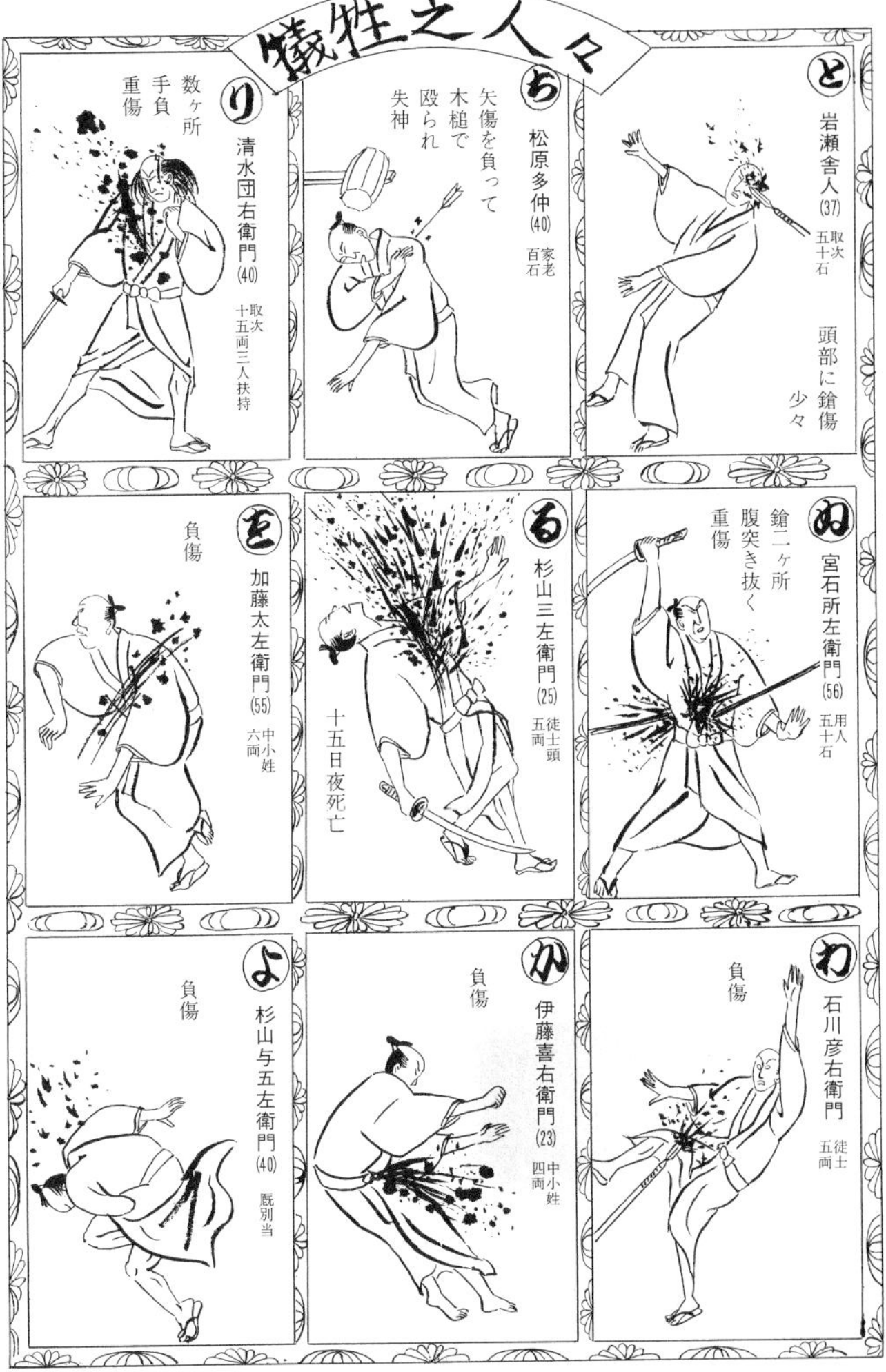
犠牲之人々
と
岩瀬舎人(37)
取次 五十石
頭部に鎗傷 少々
ち
松原多仲(40)
家老 百石
矢傷を負って 木槌で 殴られ 失神
り
清水団右衛門(40)
取次 十五両三人扶持
数ヶ所 手負 重傷
ぬ
宮石所左衛門(56)
用人 五十石
鎗二ヶ所 腹突き抜く 重傷
る
杉山三左衛門(25)
徒士頭 五両
十五日夜死亡
を
加藤太左衛門(55)
中小姓 六両
負傷
わ
石川彦右衛門
徒士 五両
負傷
か
伊藤喜右衛門(23)
中小姓 四両
負傷
よ
杉山与五左衛門(40)
厩別当
負傷

無事之人々

富田五左衛門
星八左衛門
若松新右衛門
近藤徳兵衛
山下甚右衛門
（以上徒士）

火事と思い一旦出たが
浪士に気付き長屋内
へ飛び込んだ

富永次郎左衛門
沼田佐右衛門
磯六兵衛
長谷宗兵衛
花木市兵衛
鈴木杢左衛門
杉山伝兵衛
（以上足軽）

も同上のように
長屋へ逃げこむ

双方とも「長屋へ駆け込むなり、外から戸を封じられ出られなくなった」と証言している。
浪士達は襲撃の際、鋸、げんのう、てこ、かすがいなどの大工道具を持参して来たとあるので成程、ロックアウトされたかもしれない。

怯ヘル衆生

が仮にそうであっても出る気があれば出られた筈で戸を封じていたのは或いは彼ら自身とも思える。

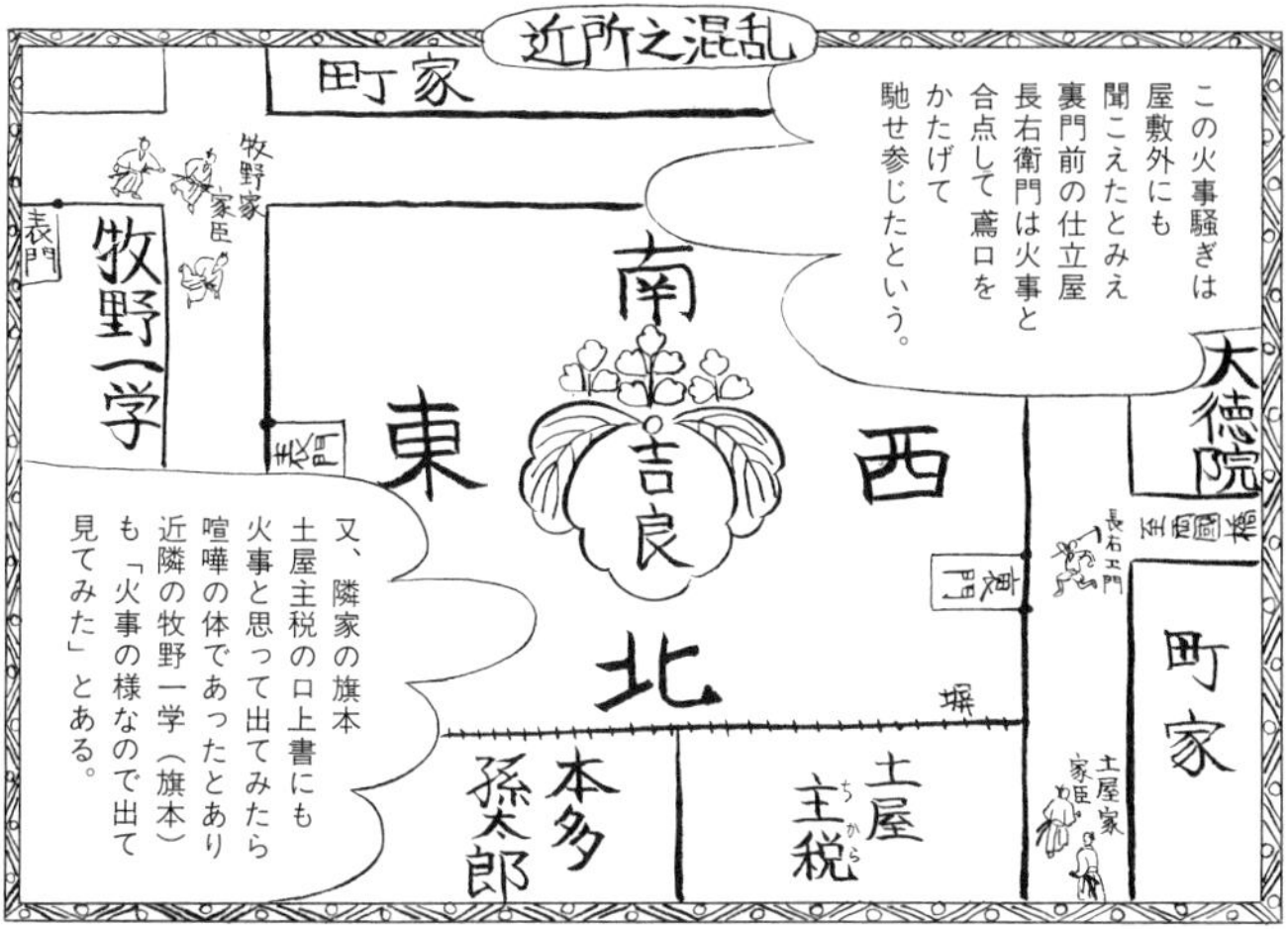
近所之混乱
町家
牧野家家臣
表門
牧野一学
この火事騒ぎは屋敷外にも聞こえたとみえ裏門前の仕立屋長右衛門は火事と合点して鳶口をかたげて馳せ参じたという。
南
吉良
東
西
北
大徳院
長右エ門
町家
又、隣家の旗本土屋主税の口上書にも火事と思って出てみたら喧嘩の体であったとあり近隣の牧野一学（旗本）も「火事の様なので出て見てみた」とある。
塀
本多孫太郎
土屋主税《ちから》
土屋家家臣

遅レテ出タ家老浪士ニツカマルノ圖
斎藤宮内(64) 家老 百五十石
何者か
コレ、申し上げろ！
わ、わたしは下々の者です。どうかごじひを
下々が絹を着るか。
お前は相応な者だろう。隠さず云え。

は…皆様も御苦労に存じます。
ど、どうか私の小屋へお立寄り下さいましてお煙草でも召しあがれ…
?!
あっはは。たわけた爺め！
どん
捨ておけ行くぞ。
あはは
この話は後々迄笑い草となったようだ。
東南ツマ戸でつかまった家老の場合
主人の寝間へ案内しろ。
下々にて存じませぬ！
小林平八郎(55) 家老 百五十石
た
ウソをつけッ
前者に位べれば運がない。

一方、小屋に逃げ帰った斎藤宮内は、同職左右田《サウダ》孫兵衛(69)家老百石と普請中の壁を破って向町の唐笠屋長右衛門宅へ⇧
逃げ、それから自身番所へ匿ってもらい、浪士が引きあげた後、同じ壁の穴から帰宅したという。
この所業は後日、人非人とののしられ、壁の穴には「犬猫、家老ノ外《ホカ》入ル可《ベ》カラズ」と
落書きまでされた。
とはいえ、この家中最高齢の
じいさま二人、なんとも憎めない気がする。ヒナコ
屋敷ヲ逃ゲ出ス家老ノ圖

山吉新八(33) 近習 三十五石 は火事の声に一旦出たが
鈴木元右衛門(35) 祐筆 死亡
兇行を目撃、急ぎ長屋へ立帰り
山吉

間に合わないので脇差だけ
ひっつかんで再び躍り出る。
長屋カラ
邸内防戦ニ
加ハル唯一名
山吉新八之勇姿

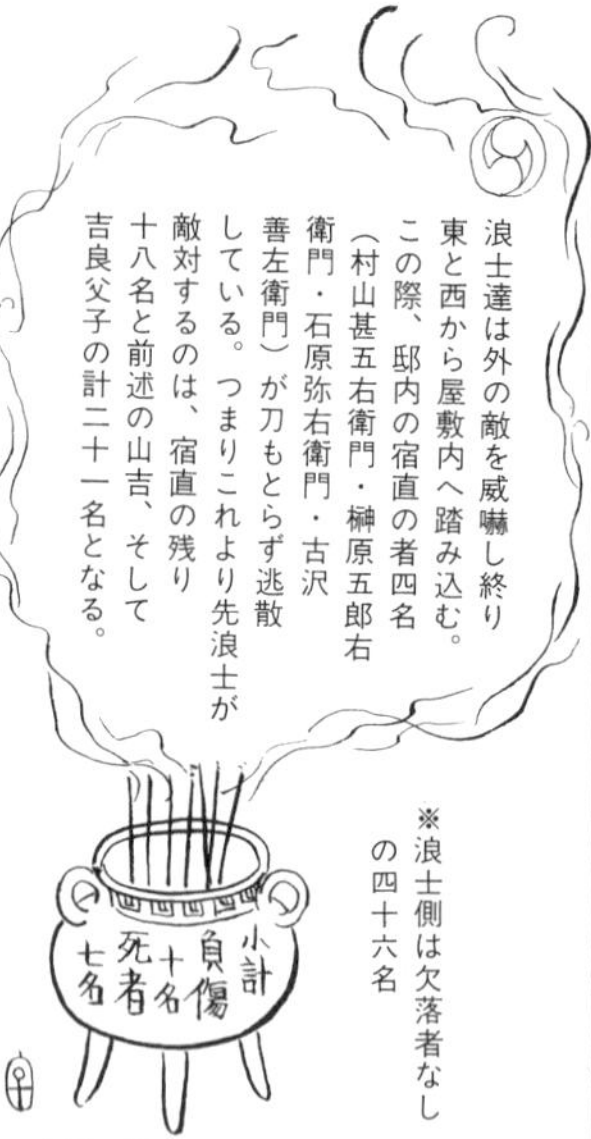
浪士達は外の敵を威嚇し終り
東と西から屋敷内へ踏み込む。
この際、邸内の宿直の者四名
(村山甚五右衛門・榊原五郎右
衛門・石原弥右衛門・古沢
善左衛門)が刀もとらず逃散
している。つまりこれより先浪士が
敵対するのは、宿直の残り
十八名と前述の山吉、そして
吉良父子の計二十一名となる。
小計
負傷十名
死者七名
※浪士側は欠落者なし
の四十六名

上篇・完

〈泉岳寺の盛況にごまかされずに「忠臣蔵」をみてみよう！〉

繪本書物問屋
東都神田青林堂上梓
本朝大義考
吉良供養
下
檢証・當夜之吉良邸
東都・杉浦日向子考画
壹千九百八拾壹年拾壹月
上野介木像
華蔵寺蔵
國芳描く上野介像
日向子模寫

まず広間で寝ていた泊番の内真っ先に飛び出た三名が、踏み込んで来た襲撃隊とはち合せとなる。
泊番遭《サウ》難《ナン》之圖
吉良家表玄関
斎藤清
斎藤(十)
新貝

新貝弥七郎(40)中小姓六両
ももなど斬られ鎗で突かれ死亡
「…新貝弥七不憫に存候十文字鎗之穂、胴内に留り候」
遺体から鎗先が出たという。

斎藤十郎兵衛(25) 取次 十五両
鎗傷三ヶ所
翌日死亡
エイ
鋭ッ
つ

斎藤清左衛門(40) 中小姓 六両
死亡
ね

ばぃん
永松
廣間
宮石
堀江

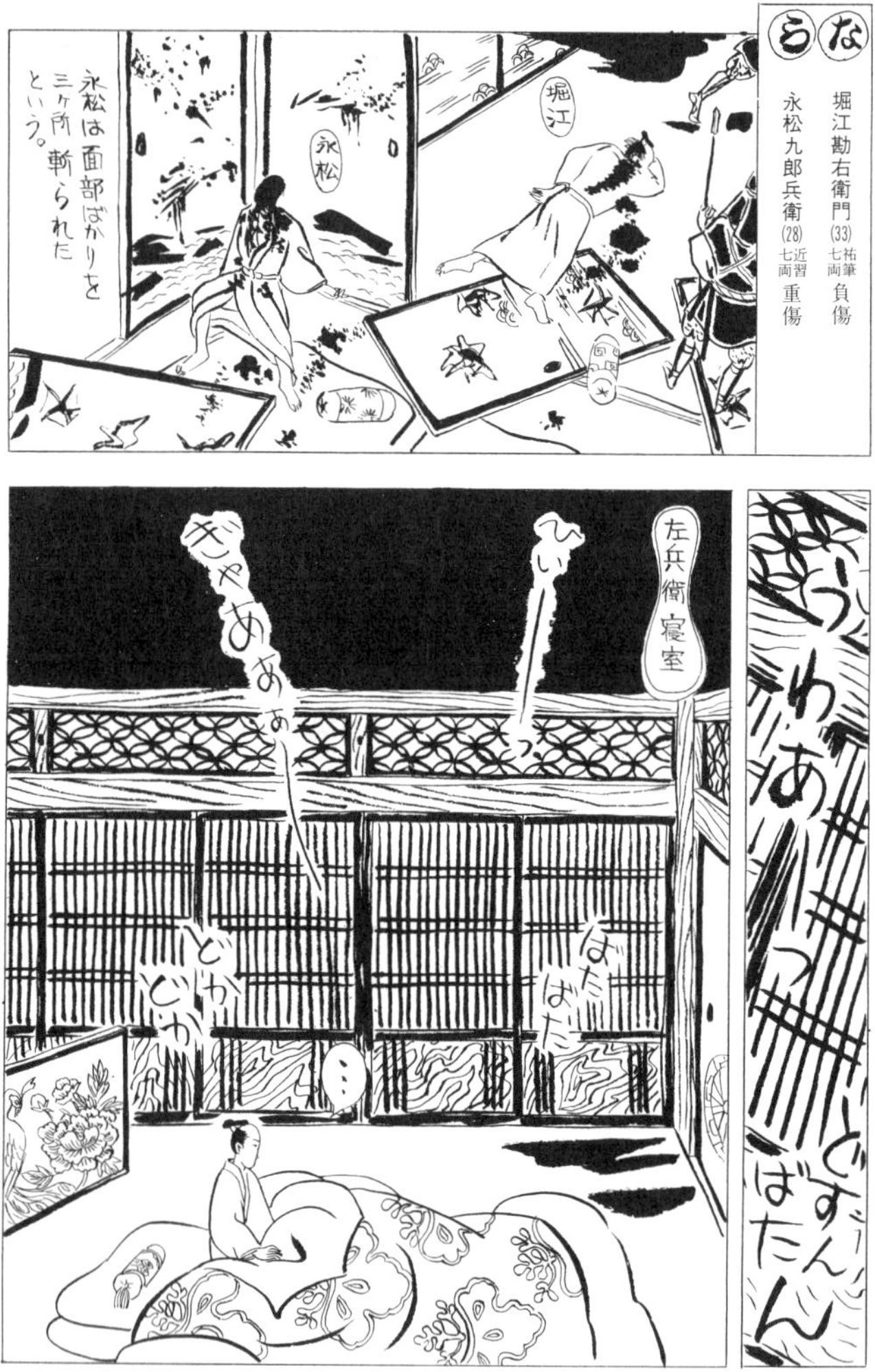

な ら
堀江勘右衛門(33)祐筆七両 負傷
永松九郎兵衛(28)近習七両 重傷
堀江
永松
永松は面部ばかりを三ケ所斬られたという。
うわあっ
どすん
ばたん
左兵衛寝室
ひいっ
ぎゃあああ
ばたばた
どかどか
…

がたっ
須藤
鳥居
殿!夜討ちにございます
??
左兵衛
お早く
まて。
ぱっ
いかん
どか
どか
庭へおびき出すから殿を!
鳥居ッ!
は
はあん

あ
鳥居
鳥居利右衛門(60) 用人 五十石 死亡
屍は頭を二つに割られ 見るも無残だったと云う。
はっ
はっ
はっ
あっ
ぴっ
殿ッ
額ニ三ヶ所 三寸程
くうっ
う
わっ
脇腹ヨリ背へ掛七寸 アバラ少シ切レル。
おのれッ
だっ
だだだ
ゐ
う
ずる
きりやっ

須藤与一右衛門 取次 十五石 死亡
なんと、人形《ひとかた》もままならぬ程斬りさいなまれていたという。おかげで左兵衛はその場を逃れた。
須藤與一右衛門忠死シテ主人ヲ救フ之圖
書院次ノ間
左兵衛の足どりはつかめないが本人の口上書に「目ニ血入リ気遠クナリ」とあるので、案外近辺で昏倒していたのかもしれない。
サテコチラ 本邸へ馳せ参じた山吉。
対抗軍ノ期待ノ星
内玄関脇の竹塀飛び越え
ばんっ
半戸けはずし
山吉 三人ノ敵ト出会フ
中庭へ突入。一人を池中へ転落せしめ
たっ
コノ時山吉ニ左上腕ヲ斬ラレタルハ、浪士近松勘六也。

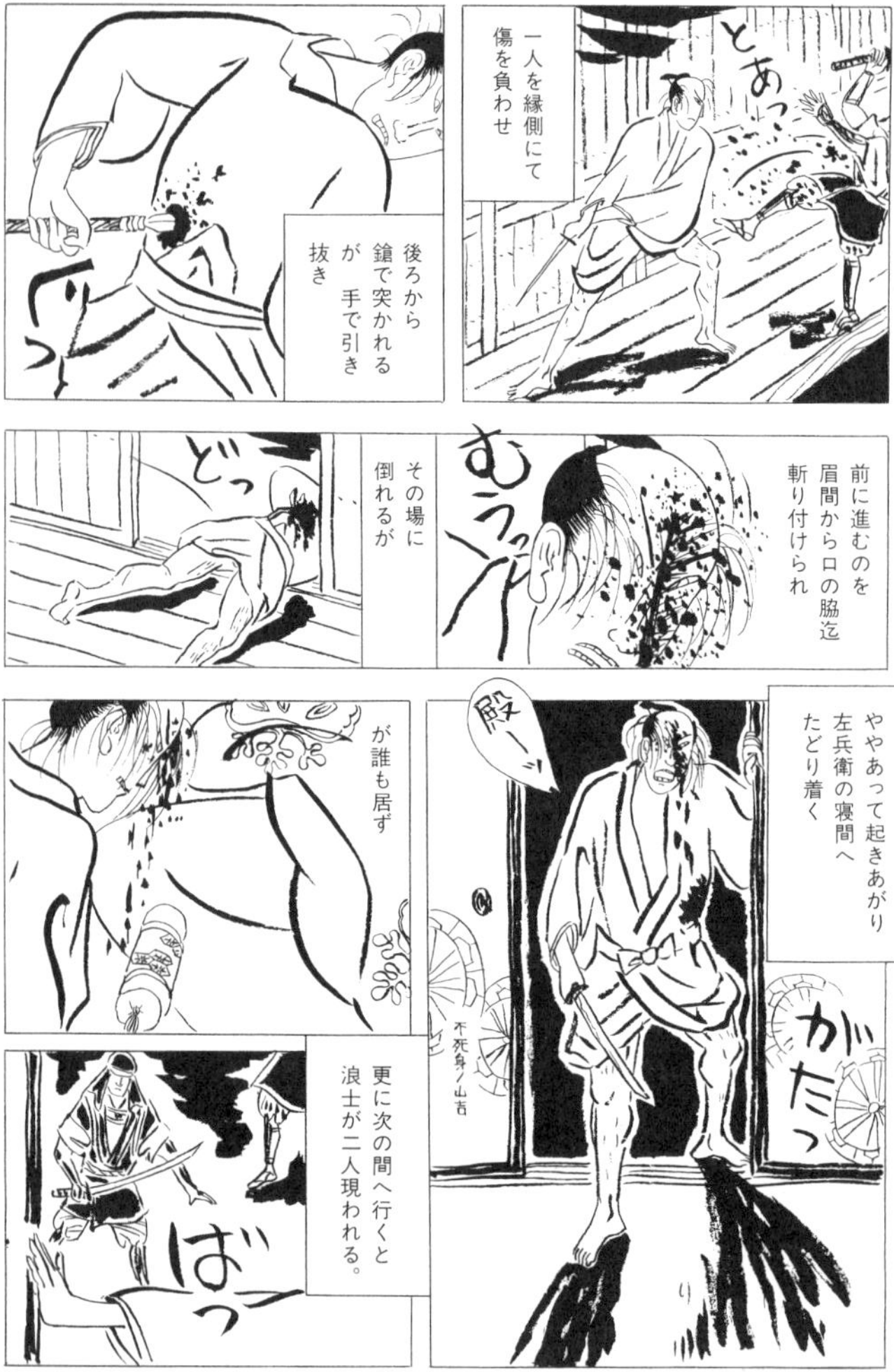

一人を縁側にて傷を負わせ
とあっ
後ろから鎗で突かれるが 手で引き抜き
前に進むのを眉間から口の脇迄斬り付けられ
むうっ
その場に倒れるが
どっ
ややあって起きあがり左兵衛の寝間へたどり着く
殿ー
がたっ
不死身ノ山吉
が誰も居ず
更に次の間へ行くと浪士が二人現われる。
ばっ

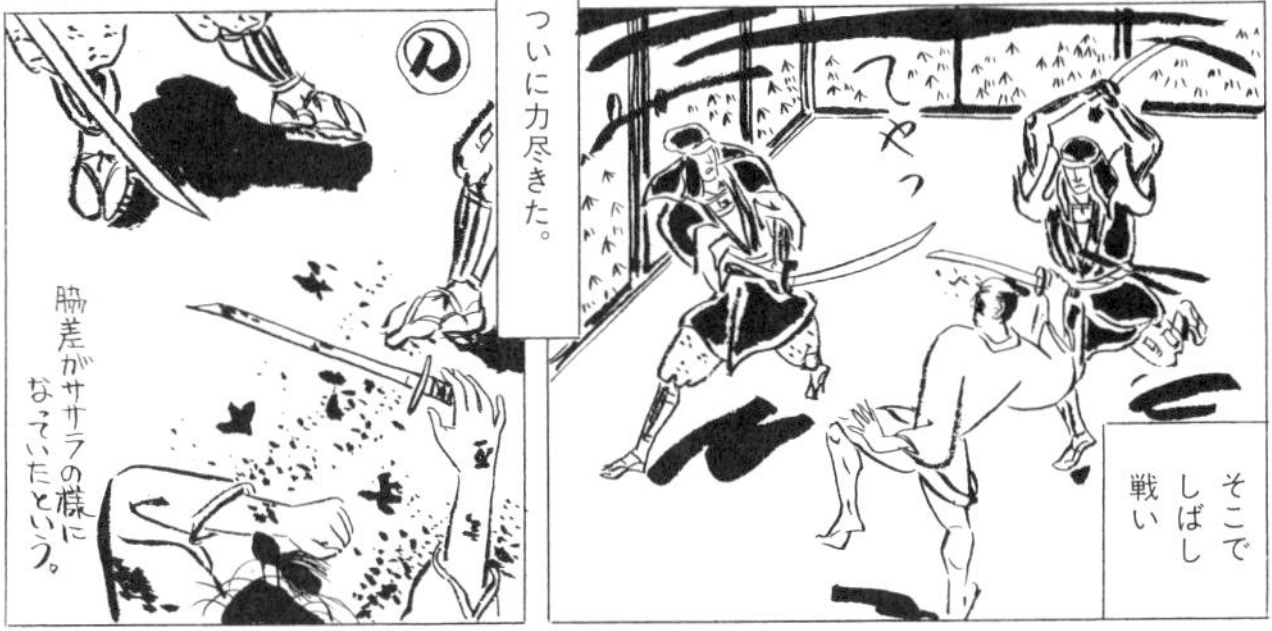
そこで
しばし
戦い
てやっ
ついに力尽きた。
⑨
脇差がササラの様になっていたという。

○山吉は辛くも一命をとりとめ、左兵衛が配所で亡くなる迄付き従った。その後上杉候に召され行状を大そうほめられて二百石を賜り、米沢（上杉家国元）で勘定頭や鎗組頭などを勤め一生を送ったという。余談になるがこの人の子孫の山吉盛典という人は青森県知事をしたそうな。

つづいて左兵衛の寝間へ来たのは、既に広間にて襲撃を受けた宮石新兵衛(21)中小姓五両である。
とのッ
かたっ
かたっ
入るなり打倒れてしまう。
お
宮石には「…泊番で大勢が斬り込んで来たので殿の寝間へ飛び込んだが意外の深手で進退の自由を失った」との口上書があるが、検視直後に死去している。

左兵衛居間 次之間 泊番
どやどや
??
はっ
すっ
じっ
く
ばりん
天野定之丞(34)中小姓 六両 重傷
天野さんっ
そいっ
ばん
むっ
こやつ

浪士　吉田忠左衛門
構うな。子供だ。
やっ
茶坊主
牧野春斎
数エ年十五
ちっ
見逃してやる。さっさと逃げろ。
たっ
ぼかっ
ごほっ
もう
ごほ
もう
おわっ
くらえっ
ちゃっ

あっ
ざんっ
ちゃりっ
や
牧野春斎(15)茶坊主 死亡
この牧野、襲撃隊の軍師
吉田忠左衛門をして
「勇気の盛なること是ぞ
家中第一」といわしめた。
出自をただせば、日本橋
茶舗の倅である。
小玄関
中間権十郎並びに
鈴木松竹(17)茶坊主 死亡
まけ
臺所
すたすた
名のれッ
がたがたがた
わたしは菓子蠟燭の役人ですぅ。
なにとぞ命ばかりわぁ
おいおい
めし
『早々に菓子《くゎし》蠟燭《らうそく》出し候《さふら》へ
さなく候はゞ首討ち申すべし』
コレニ依リテ邸内昼ノ如クナルト云フ

義士くわしを喰らふ之圖
敵《テキ》ノ家老《カラウ》ガ煙草《タバコ》ヲ勧《スス》メシト思《オモ》ヘバ、コチラハ菓子《クワシ》。マルデ、夜中《ヨナカ》ニ白刃《シラハ》ヲサゲテオ客《キャク》ガ来《キ》タヨウダ。
『…菓子もつまみくらいに給《たべ》申候』と文書にある。
蠟燭を提供したうえに菓子の饗応までしたこの役人、どうしたものか名が伝わっていない。
コヒナ談
もし自分が当事者ならばさしずめこんなだらふと思ふ。
その他の泊番
ふと
笠原長太郎(25)祐筆 五両
鈴木杢右衛門(35)中小姓 四両
右二名死亡
ドノ部屋デ落命セシカ不明
赤穂側に死者のない事でも察しがつくが完全なワンサイドゲームである。浪士・原惣右衛門によれば「敵対して勝負仕り候者は三、四人許り、残りの者どもは立合に及ばず、通り合せに討捨て」られたという。大半の者は事態もわからず斬られている。
サテ討入りから二時間が経過し、空も白んでくる。
小玄関脇次ノ間
まだ見付からぬか。
どうしたものか。
台所より物音が…

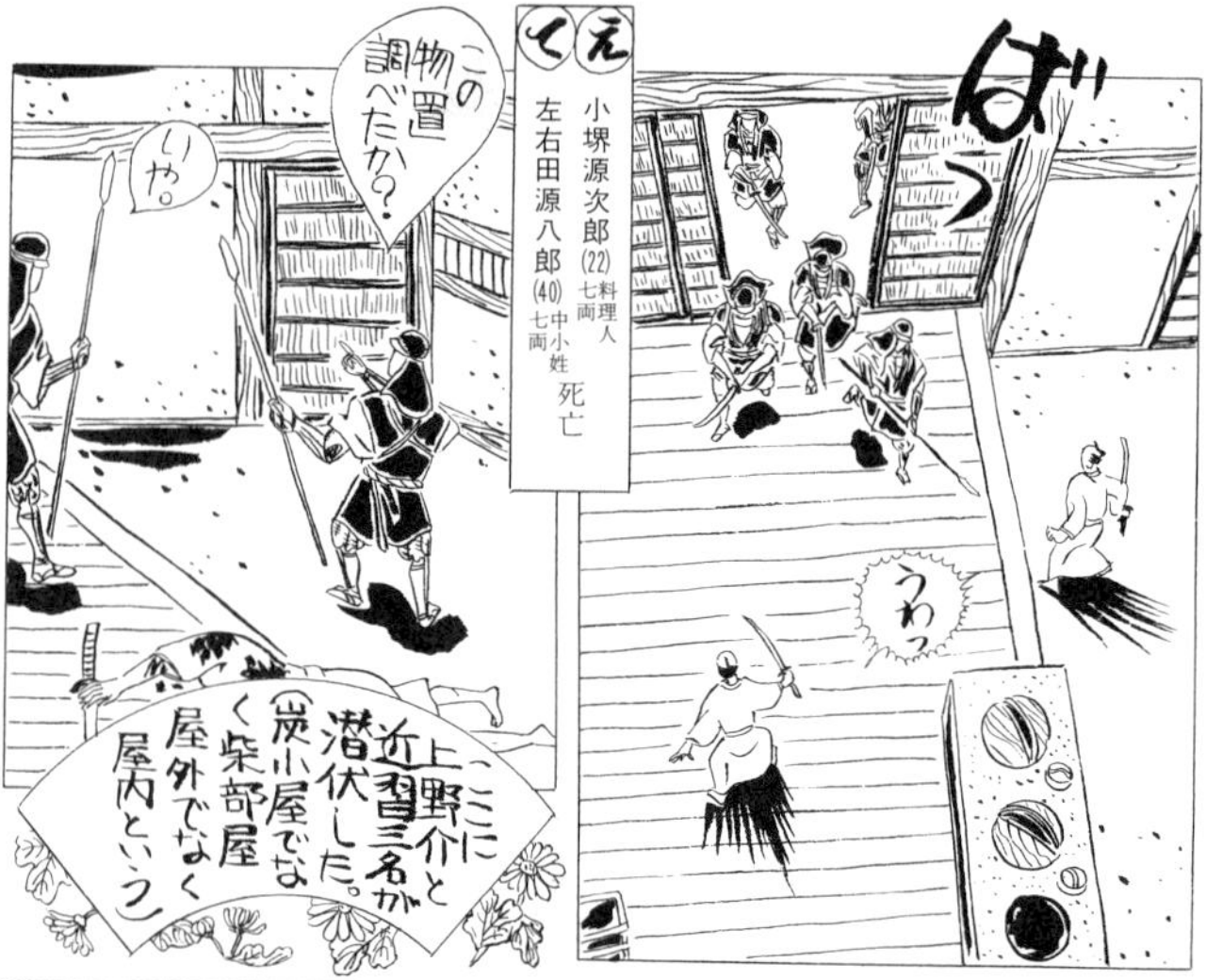

特別名鑑

楯籠リシ近習

清水一学(25) 七両三人扶持

○なぜか芝居講談では名高いが、この人実は三河国幡豆郡百姓児玉藤兵衛の弟で藤作といい、清水一学というのは士分になってからの名である。子供の頃より剣術が好きで領内の道場へ通う内、上野介に見染められ、以来並々ならぬ寵愛を受けた。というのも夭逝した上野介の愛子三郎に生写しだった為という。

大須賀治部右衛門(30) 六両

○代々吉良家に仕える身で剣にすぐれていたと云われる。河童を生どりにして金創の主薬を授けられたという逸話を持つ。

榊原平右衛門(50) 六両

○特に伝記なし

せりっ
どかッ
尋常に斬て出で勝負あれッ
ざっ
しーーん
うーむ
矢を射込んでみよ。
余り之事の悲しさに薪や炭や茶わん迄、礫《つぶて》に打出す事夥《おびただ》しさても狂がるしだいなり。
しゅっ
びゅん
わっ
がちゃっ
ひゅん
ひゅん

公の調書では死亡十六名、負傷二十三名となっているが重傷で落命する者が多く、検視後には死亡二十三名負傷十六名と逆転。いずれにせよ、家中の約半数が死傷した。

江戸で横死した吉良家家臣の故郷、三河国には年が明けて次の品が届いた。

一、挾箱（内に衣類数枚）
一、鎗
一、大小
一、遺髪

以上

○事後二百八十年、今尚この「大量殺戮」は賛美され赤穂主従の墓所泉岳寺も大そうな景気だが、片や吉良家の「忠臣」は、その埋骨の地点さえわからない。曰く

大義悉《ことごと》くを滅《めっ》す と。

以テ銘ス可シ 穴賢。

吉良左兵衛
義周肖像
日向子悼之
1686.2.22～1706.1.20.
画工
日向

追記

左兵衛義周は事件の不始末を理由に信州諏訪に流罪となる。（上杉十五万石の若君と生れ祖父上野介の養子となり家督を継いですぐこの憂目に遭う）

討入から三年余り後の宝永三年正月、幽閉先にて衰死。気鬱に陥った為だと云われる。（ひと月後には満年齢のはたちである）

最後迄付き従った家臣は左右田孫兵衛、山吉新八のわずか二名。

左兵衛は何分にも流人《つみびと》の身であるから、幕府の検視が到着する迄埋葬は許されぬ。その間十数日を要す為、二人の家臣は遺体を泣く泣く塩漬けにして、それを守っていたという。

完

弐　黄表紙

江戸にすんなり遊べるしあわせ

ちょうど石岡瑛子さんがご活躍なさっていたころ、あこがれて大学のビジュアル・コミュニケーションに進んだのですが、一年たったところで、あと三年もやってられない、とやめてしまい、模索しているときに出会ったのが一冊の絵本、黄表紙でした。出会った瞬間、なんて新しいのだろうとショックを受けました。それまでアメリカの現代アートとかビデオアートばかり見ていたのですが、それよりもなおスピード感があって、刺激的だし、ラジカルでドライ。雷に打たれたように、それからは〝江戸〟一直線です。

黄表紙の絵というのは、鳥や獣が武士の格好をしていたり、非常にばかげているんですが、地の文がまた絵を上回るくらいおかしい。「疾走する虚無感」というか、内容が何もないんです。私は、この黄表紙を読んでいるときがいちばん幸せなんですが、黄表紙を楽しめるというのは、日本に生まれたからこそですよね。海外の研究者もいらっしゃいますが、理解するのはやはり大変なことでしょうし。そして、黄表紙は江戸という都市にしか生まれていませんから、東京に生まれてよかったと。向島とか日本橋蛎殻《かきがら》町とか並べても、地方のかたは地図の上ではわかっても、ピンとこないそうです。うちは江戸に住んで六代なのですが、祖母の時代などは、向島の人が日本橋に行くときに、「江戸に行く」というんですね。つまり川向うは江戸ではないんです。その感覚が自然に身についていたのは、東京に生まれた強みだと感謝しています。

江戸前の美学というのは、価値観が今と全く違うんです。現代ではマイナスの、お金がないとか、家が狭いとかということもすべて肯定的にとらえてしまう、不思議な社会です。出世しないほうが楽しい、無理して健康より、短命でも自分なりの一生を生きたほうがいいという――何も背負い込まないし、等身大の自分の人生を自分の速度で走り抜けるというのが徹底しているのです。そういう世界にふれたとき、自分自身が救われた感じがしたんです。私たちはまだまだ周りを気にしていて、逆に自分を見失っていると。そして、ああそうだったのか、とすんなりわかる自分が、東京に生まれて、日本に生まれてよかったという実感を持ったのです。

江戸時代には、出世欲とか上昇指向というのは、武士階級しか持っていなかったんです。今は、この武士の論理でずっと来ちゃったので、こんなせちがらい、しみったれた文化になってしまったんですね。土地を増やそうと必死になる武士は、人口の一割しかいなかったからちょうどよかったんですが、現代はみんな武士になってしまった。こんな日本に生まれてよかったかといわれれば、全くわからないのですが、単純かもしれませんが、おいしいおさしみがあって、日本酒を飲んでいるときなんて、なんて優雅で贅沢なんだろうと思います。

能登の、門前という町に友達がいて、去年も暮れに行きました。能登は、お魚とお酒と、人がそろうんです。土地は寒くても、人はあったかい。百八つどころか三百くらい除夜の鐘をついて、五人で五升も飲んで——江戸の仲間とは実際には会えないわけですから、能登の友達、実際に会える仲間がいるということは、また一つの幸せです。

（談）

（一九九二・一「ミセス」）

ウカツなしあわせ

中学、高校の時の古典の授業は、どうしてあんなに退屈だったろう。教室の中は、防火用水の底のように暗く、アルミサッシの窓の外では、空気の粒子の一粒一粒が、黄金色の粉となって舞っている。遠くで黒板に白墨の当たる音がする。コッこつコ…ここコッこ…こここ…コ。「ケリ」だの「カモ」だのと、バードウオッチャーのお茶会じゃあるまいし、外へ出たい。校庭でボールを蹴りたい。欅《けやき》の木陰で昼寝がしたい。屋上で牛乳飲んでクリームパンを食べたい。黒板とノートの間を行き来するクラスメートの黒い頭は、ボウフラのダンスだ。ピコ、ピコ、ピコ、ピコ。一体、あの頃、何を習ったのか、さっぱり思い出せない。古典の教師の教え方が特に悪かった訳ではなく、他のどの教科にしても、授業でどんなことを習ったのか、壊れた望遠鏡を覗いているように、ぼんやりとして、覚えていない。「学校」というと、今でも「黄金の粉」の舞う景色ばかり、鮮やかに浮かんで来る。

「趣味が読書」とは、なんて間抜けなんだろう、と思っていた。活字の一字を追う毎に秒針は進む。頁を一枚くる毎に日差しは変わる。長編なんかにのめり込んで、うっかり季節をひとつ忘れたりしたら、取り返しのきかない大損だ。恐ろしく勿体《もったい》ない。混んだ電車の中で文庫本を読むウカツ者め。車窓の外を見たらどうだ。線路っ端にコスモスがあんなに咲き乱れているじゃないか。

今でも、ボールが好きだ。木陰も牛乳もクリームパンも好きだ。もちろんコスモスも良い。でも、下足箱へ入れそこなったラブレターをいつまでも持ち歩いているようなへ(そして、シワクチャになっているそれをヒョイと人に見られてしまったような)、喉元《のどもと》のチリチリする恥ずかしさを堪えて白状してしまえば、このごろ、読書もそれほど悪くはないな、という気がしている。活字を追って、頁をくって、時間を忘れることは、やっぱり、間抜けでムダだと思うけれど、間抜けなことがとても気持ち良かったり、ムダなことが実はものすごく贅沢なことだったりすることも、たしかに、ある、のだ。ウカツ者であることのしあわせも、たしかに、ある、のだ。

桜の頃、京伝の『傾城買四十八手《けいせいかい》』に出会ってしまった。のめり込んだ。

[女郎] ヲヤてめへ、ゆびをどふした。[かぶろ] 宵に中の町で、犬にくつつかれん

したヨ。[女郎] それみや。いはねへ事かよ。コレヨ、それにこりて、モウ犬や何かと心やすくしめへヨ。(トあどけなくしかる。)[ムスコ] (わらつて居る。)[かぶろ] (うつむいて居る。)[女郎] コレサこれをしまつての、そして着かへて、モウやすみや。(トくしかうがいをぬき、みす紙へつつみ、わたす。)[かぶろ] アイそんならお休みなさりィし。(ト立ゆくひやうし、立かけ有《あり》し琴へ袖がさわつて、)ヘコロリンシヤン(トなる。)[女郎] しづかにしやヨ。(ト枕元へたばこぼん引よせ、たばこすい付ける。ぱつと火たつ。そのあかりにて、むすこのかほをつくづくと見て、みぬふりし、じぶんが一ッぷくのみ、又すいつけて、むすこにやる。)……。

一字一字を惜しむように、時間が止まるのを祈るように頁をくった。次々と洒落本を読んだ。何編か読んで、再び『傾城買四十八手』を読みたくなった。ふと、気が付くと、桜はとうに終わっていた。外界の満開の景色を見損なったのは、いかにもウカツだったけれど、本の中では人間模様が満開で、目が合う途端、人なつこい笑顔で微笑みかけたりなどするものだから、仕方ないじゃないか。本の中で、しかも、二百年も前の本の中で、気の合う仲間に会ってしまうとは思わなかった。驚いた。頁の向こう側には、黄金色の粉が舞っているのがハレーション気味に見えた。(一九八八「図書」)

黄表紙の面白さ

シルクロード、ネパール、アマゾンの辺境ブームの次は、ネオ・ジャポニズムの時代なんだそうです。

何が「ネオ」なのかといいますと、本家のジャポニズムは外国人による極東文化の発見であったのが、このたびのは、外国人の視点を持った日本人による異文化讃であるとのことです。

具体的に、どういうことなのかなあと思ってましたら、泉麻人氏が、さすがにスバヤク『ナウのしくみ』で触れておられました。

「友人の代官山のマンションで白ワインを飲みながら黒沢明の『七人の侍』を観たことがある。その友人はカリアゲ頭の人で、家具などもロンドンの骨董屋で仕入れてきたもので統一されている。板張りの床の上に直《じか》に置かれた28インチモニターとビデオデッキその傍らに環境植物としてのカスミソウ……（中略）そういった俗に言うカフェ、バー、っぽいナウの空間に（古いニッポンが）わりとマッチする」と、いうことです。

似たような風景を、私も見たことがあります。「ナウの空間」に置かれた長火鉢や招き猫、しょうゆで煮しめたような茶だんすから、コーヒーミルを取り出す友人、清元を環境音楽として流しているグラフィックデザイナー。

この現象は、ナウの差別化のひとつなんでしょう。ガランとしたフロアスペースに観葉植物、直《じか》置きした28インチモニター、ロートレックのポスター、あるいはウォホールうんぬんの、イワユル「ナウの空間」が定着してしまった昨今、より一歩抜きんでて「ナウ」であるために「裏をかく」わけです。

このようにして「古いニッポン」は「ナウの小道具」としてアレンジされたのですが、それが悪いというのじゃ決してありません。むしろ、力んだようなナショナリズムの高揚よりは、こんなふうに、遊びのパーツとして玩弄《がんろう》するほうが、はるかにマシです。

「ネオ・ジャポニズム」とか、「なぜか今」的なアプローチはたしかにウサン臭いものですがきっかけは何であれ、時間さえあれば修正は可能です。

いまのところ、江戸のイメージは、中世ヨーロッパ絵画にも似た、脂《やに》っぽい光の中から浮かび上がる情念を秘めたっぽいのに人気があります。ニナガワさんのお芝居、和田勉さんの近松、どちらも、この系統です。

そろそろ、もう一方の江戸、白っ茶けて、あっけらかんとした江戸が流行ってくるころなのじゃないかと期待しています。それが来ないことには、ちょっと江戸は「カッコよすぎ」て、ホントらしくありません。

私が江戸に入っていったきっかけは、そういった「白っ茶けた」側からでした。思えば資質に合った、仕合わせな出会い方でした。西鶴、近松、南北に入る前に、春町、喜三二、京伝だったのです。

京伝こと山東京伝は、一九、馬琴と並んで教科書にも出、わりと有名なほうですが、前二者については、ほとんどその名を知られていません。二人は黄表紙の創始者であります。私にとって、江戸の文芸のなかでは、黄表紙が最も気分に合っています。

黄表紙というのは、大人の読む絵本で、見開きごとに絵があり、その余白に文字がびっしりと書き込まれています。よく、「江戸時代の劇画」なんぞと呼ばれますが、それでは、誤ったイメージでとらえられやすく、甚《はなは》だメーワクなキャッチャーであります。黄表紙は、羽根のように軽やかで、何冊読んでも腹にたまらない、極上のデザートのような味わいのものです。

国文学者、故・森銑三氏は、「黄表紙の楽しさをわかる人とのみ江戸を語り合いたい」といった意味の、排他的なことをおっしゃっておられましたが、黄表紙にのめり込む身としては、思わず、「そうだ、そうだ」と賛同してしまいたくなります。「黄表紙のわからん奴は江戸について云々するな」などとは言語道断の差別ですが、かえって、そういうふうにツッパってしまったほうが「白っ茶けた」側の江戸に目を向かせるのに効果的かもしれません。

私が旅行のとき、必ず持って行く文庫本があります。社会思想社刊現代教養文庫の『江戸の戯作絵本』（小池正胤・宇田敏彦・中山右尚・棚橋正博編　正続全六巻）です。これが、現在市販されているなかで、最もコンパクトで価格も安く、収録本数の多い「黄表紙集」です。旅館に着いて、夜寝る前に、ふとんに腹ばいになって、ぽっちり、ぽっちりと読みます。一人旅の寂しさも、これさえあれば苦になりません。

人から「何か面白い江戸の本は？」と聞かれると、まっ先にこれを勧めるのですが、あとで、「面白かった」と言ってくれるのは、一〇人中二人がいいところです。ほかの人は、たぶん「面白い」部分の期待のしかたが違うか、小説か何かを読むスピードで頁を繰ってしまったかのどちらかです。

黄表紙の面白さというのは、「肩すかし」の面白さで、たえず、ヒョイヒョイと間をはずすといったリズミカルなものです。決して、グイグイと笑わせるといった親切なものではありません。

たとえば、春町の作に『万載集著微来歴《まんざいしゅうちよびらいれき》』という黄表紙があります。これは、鎌倉期の勅撰集『千載集《せんざいしゅう》』のパロディ狂歌集『万載集』がいかにしてでき上がったかというストーリーで、当時の文壇のゴシップをスッパ抜いています。ストーリーはさておき、中で薩摩守忠度が藤原俊成に、撰集に入れてほしいと頼み込む場面があります。絵のはじっこに、門外で待つ忠度の家来と馬が描かれ家来が「この忙しい時節に何を長ったらしく話してんだ。腹がへった」とグチれば、馬も「むまむましいことだ」と言っています。もちろん馬は「いまいましい」のシャレを言っているのです。それが何だと言われると困りますが、この辺が面白いのです。黄表紙からムダ口《ぐち》やシャレを除いたら、あとは単純きわまりない粗筋しか残りません。ストーリーとは関係のないこのムダ部分に作者の苦心があります。

また、喜三二の作に『親敵討腹鞁《おやのかたきうてやはらつづみ》』というのがあります。これは、ウサギが切腹して、鵜《ウ》と鷺《サギ》になったということが言いたくて、その洒落《しゃれ》のために上下二冊書いています。何が面白いと言われると、やっぱり困るのですが、その他愛なさが値打ちなのです。春町も喜三二も四十、五十の分別ざかり、二人とも侍で、しかも重役クラスのおとーさんです。それが、こんなのを書くわけです。

読み方については、江戸の草紙類は毎年お正月に発売されます。黄表紙は一冊五丁（一〇ページ）の小冊子で、次の巻が出るまでまた一年待ちます。ゆっくり読むのは当たり前です。

「くだらない」といえばそれまでのものです。だからこそ、明治以来一〇〇年間、黄表紙は捨て置かれました。「ムシムシコロコロ」なんて言っている私たちがそろそろ、これを拾い上げてもいい時期なのじゃないかなあ、と思います。いかがでしょう。


（一九八五・一〇「週刊宝石」）

正岡容《いるる》に「江戸」を見る

昭和三十三年秋、私は母の中でした。ずいぶんボカスカあばれたらしく「とんだスサノオが生まれそうだ」と、伯母達を心配させたそうです。

予定より一週間早い十一月三十日に、娑婆にお目見えしました。予定日の十二月七日には、芝の慈恵医大附属病院を退院という順調さです。その日、信濃町の慶応病院で冥界入りした江戸ッ子がいたそうです。

正岡容、五十三歳。

予定通りなら、ホントにすれ違いだったところ、わずかに七日間、同時代を生きたんですね。どうでもいいこと、つまらないことなんですけれど、なんとなく、しみじみとしてしまいます。

彼は安藤鶴夫と比較されたりして、ほんとうに二人は対照的だったのだけれど、いまアンツルを知る人は居ても、イルルと口にする人は少なくなりました。

たとえていうなら、アンツルの見せ方というのは、茶の間に人を招き入れ、座ぶとんも茶もすすめ、カラリ、と障子を開けて「さ、ごらんなさい」と、町や人を見せる、そんなふうなのに、イルルの見せ方は、からッ風の吹く路地に塀があって、それに、節穴がポツポツとあいている、そこから、むこう側をのぞく、そんな感じがするのです。

その、ウサン臭さ、いかがわしさに、たまらなく「江戸」を感じ、私などは、うれしくなってしまいます。『正岡容集覧』（仮面社）は、プラスイメージとしての卑近さゆえに、貴重な一冊です。

そのイルルが、書の弟子として師事していたのが、画家であり随筆家であった木村荘八なのだそうです。

私は「江戸の粋《いき》」を考えるとき、必ず彼を思います。彼抜きには、江戸及び東京は、語れないと感じています。『東京風俗帖』（青蛙房）は、東京の人にこそ、触れてほしい、かつて、あった、東京の姿です。

イルルがアンツルと比較されたように、荘八もまた、小村雪岱《こむらせったい》と並び語られることが多いようです。

雪岱も好きな画家ですが、江戸及び東京を思うとき、雪岱は、ちがう、とはっきり、感じとれます。彼の画く日本橋は、ちがう、とビリッとくるのです。荘八がいなければ、気付かなかったろうと思います。

日本橋といえば、長谷川時雨《しぐれ》の『旧聞日本橋』（岩波文庫）があります。これは、昭和初めに書かれた回想記で、文体は充分に近代的で読みやすい本です。そういったモダンな記述にもかかわらず、前近代の江戸的香りが強く感じられ、一種不思議な雰囲気です。

この、あっけらかんとした、妙に明るい、江戸ッ子の物言いというのは、中毒になるらしくて、一度味わうと、更に次が読みたくなります。今泉みね『名ごりの夢』（平凡社・東洋文庫）、勝小吉『夢酔独言《むすいどくげん》』（同前）には、長谷川時雨の前世代の東京（江戸）が語られています。ともに回想記で、その、淡々とした語り口に、えもいわれぬリアリティーを感じます。

そして、私が最も好きな、篠田鑛造編著の『幕末百話』（角川選書）。幕末の江戸に生きた人々の昔語りが、こんなにも、耳もと近く、鮮やかに再現される本を知りません。江戸というのは、どのへんまで尾を引いているのだろうと、時々考えます。

明治半ばころには「明治十年代までは」といい、大正には「明治まで」といい、敗戦後は「戦前までは」といいます。

そして、当代の人気作家、小林信彦は『私説東京繁昌記』（中央公論社）で「東京オリンピック」を境に大変貌したといい、その「建設」を「町殺し」と呼びました。

こう見てくると二十一世紀の人々は「二十世紀末年までの東京は良かったよ」なんて言うんじゃないかと思ってしまいます。

オメデタサは、江戸ッ子の身上だそうで、最後の浮世絵師、小林清親《きよちか》を評して、娘の小林哥津《かつ》は「天性の江戸ッ子的楽天根性」と言っています。おもしろいと思います。清親は、その絵においては「楽天根性」を発揮したとは思えず、文学的情緒あふれる風景画や、屈折した戯画を描いています。

むしろ、彼の弟子の井上安治が、明治初期の、あっけらかんとした東京の、じつに良い絵を描いています。『明治東京名所絵』（角川書店）。

それから『江戸の町（上・下）』（草思社）という絵本があります。これは、現代のイラストレーションによる江戸の再現で、上空から江戸の町を見るような体験ができます。

正岡容は、二世滝亭鯉丈を自認してたそうです。私も鯉丈が大好きで、彼の書く『八笑人』（岩波文庫）の中へ入って、こんな風に、江戸の町で、ばかばかしく、たあいなく、くらしたいと思っているのです。

（一九八五・一「東京タイムス」）

森銑三『偉人暦』

イジンレキ。毎日が命日。そういうことだ。

天気予報のオマケに、その日行われる各地の行事と、その日生没の著名人の紹介がある。「今日、小堀遠州が死んだ日だって」と、ネタにしたところで、「ふうん」以上のウケは期待できず、酒飯の箸やすめにもならない。それよりは、「夕方から降るらしい」、「明日の朝は冷えこむって」というほうが、会話の一助となる。「偉い人」は、めったに親類縁者にいないし、エンもユカリもない遠い他人の命日など興味外となるのは当然だ。だいたい、偉人の偉業の訓話ほど、迷惑至極なスピーチはない。いまどきそんなのをありがたがるヤカラの気が知れない。

が、本書は違う。

初出は、大正十三（一九二四）年元日から大晦日までの、新聞「新愛知」紙上。一年を追い、三百五十余名の命日が日々五百字内外で、つづられる。体裁は「偉人暦」

風だが、中身は「森銑三の一日一話」であり、すこぶる上質の日暦随筆となっている。かたられる「偉人」の名は、筆を起こすきっかけの水滴、無数にある小ひきだしの取っ手にすぎない。

あまたある森銑三の著作の中で、本書はさほどの重きをなさない。時に、著者二十八歳。小学校教員から、図書館職員へ転じ、棲《す》むべき水脈を察し得た若鮎の覇気に充ちている。後年、編述された「人物逸話辞典」の枯淡円熟の筆致とはことなり、軽快直情なおもしろみにあふれる。寸評は、善悪を論ぜず意気に感ずる。史実にみる人物再考ではなく、雑踏にすれちがった一会《いちえ》の個性の印象を、文庫本の一〜二頁にすくいとる。その居合の手際をこそたのしみたい。

たとえば、毛利元就を「腹黒の策士」とバッサリ。徳川家康「国史の中でも最も不人気な人物」。高杉晋作「考えただけでも胸の中がすっきりする」。良寛「なつかしい人だ」。伊藤仁斎「一日でも二日でもじっとその傍に座っていたかった」。「史上の人物をも、生きて血の通っている人物として扱」（小出昌洋解説より）うからこそ、感性で向き合っている。これらの直感の断言はすがすがしい。

奇人あり、貴人あり、名君武将あり、侠客あり、大学者あり、燐寸《まっち》の創製者あり。日々の天気の空模様のごとく、記述は一貫しない。敬するもの、親しむもの、愛するもの、悼むもの。礼讃よりは、共感と思慕と情愛と。引き絞る弓弦《きゅうげん》の矢先がおのづと的をたぐりよせるように、一閃のエピソードが遥かな時空から筆先へと死者を蘇らせる。

ただ、郷里（愛知県）の偉人と、大酒呑みと、美女には、あからさまに肩入れをするきらいがある。静御前を「私の最も愛慕する女性」として美徳の限りを褒めたたえ「静御前《しずかごぜん》は永遠に日本女性史上の花であらねばならぬ」としめる。そうしたためる、七十数年前のその書斎に背後から忍びいって、板コンニャクで、若先生の頰《ほお》べたを撫であげたい衝動にかられた。

頁をくっていると、窓から並木の見える若先生の書斎で、マコロンをつまんで、ネルドリップのカウヒイを飲みつつ、雑談をしている気分にもなれる。おとなに捧げる、贅沢でうれしい文庫だ。

ときに時代がかった大上段の構えも、ほほえましくもあるが、けっして激せず煽《あお》らず、清らかなる品性を有している。二十代にしてこの香気を放つ文体は、どうだろう。日本はこの百年、なにをやってきたのかと思わざるを得ない。手をのばせば触れられそうな、明治の青年の横顔が、そこにはある。

「先生の懐かしく、慕わしいとせられた人々は、要約するならば、真実の人というべきだろうか。先生はそれを真人といってもいられた。真人はすなわち本物の人間の謂《いい》で」（解説より）あるとする。森銑三の筆になる「偉人暦」は、「真人暦」そのものである。

さいごに私事になるが、二十年前、森銑三の著作に出会わなかったら、自分はこんなにも深く江戸にかかわることはなかっただろう。森銑三の近世文芸の解題によって、はじめて江戸の空気が、みずからの肺胞に達したと実感することができた。そこにあるのは「ともにたのしむこころ」である。近世文芸は都市に棲むノラ猫に似ている。いつも視野の端々に居ながら、いざ追うとなれば風よりも疾《はや》く逃げる。力づくで策を弄せば容赦なく爪と牙が空を切り応酬する。しなやかでしたたか。実践と効率は、江戸の流儀にはない。手間暇かけて、かれとともにくらす日々を、たのしむが賢し。

真人・森銑三は一九八五年三月、八十九歳で永眠した。江戸という小窓を通じ、わずかなりとも同時代を生きられたことに感謝する。そして「一日でも二日でもじっとその傍に座っていたかったような気持ちがする」こころより敬愛する碩学《せきがく》のひとりである。

（中公文庫　上・下巻）　（一九九七・二「毎日新聞」）

お江戸漫画館　2

呑々《のんのん》まんが抄

天下
泰平
呑《のん》々《のん》まんが
ヤイ。そちは亭主か。
ずかずか
ヲヽ。亭主だがよなんだ。
骨董
おのれ町人め。推参《すいさん》な
アレアノ赤銅の鍔《つば》はいくらだ。
あれは壱両二分だ。
何、壱両二分だ？
ヲヽ！
三両にしおれッ
イヽヤ！欲しくばただやるぞッ
いらねエ！
プンプン
ずかずか

おわり。

天下泰平
ノ呑《のん》々《のん》まんが
ん
ジーン ジーン
あれは人らしいが泳いでいるのであろうか？ 見てまいれ。
は。
たったったったったっ
どうじゃ。土左衛門か。
はあ
はあ はあ
いえ。お名は聞きませぬ。
おわり。

呑々《のんのん》まんが
かなかな
かなかな
かるかな
ポリポリ
パチリ
ははあなある…
ああ〜ん
ふむふむ
うーん
むむう
たッ
ポカ
!
この野郎
助言を
言いもせぬに
なぜぶった!
ええい
言ったあとでは
遅いわい!!
かな
かな
かな
かな
かな
かな
かな
かな
かな
おわり

天下泰平
呑《のん》々《のん》まんが
オヤ〳〵仕立でおろしで年始かえ。
良《え》えかっこうだねえ。
へへへ。
一足ごとになにやら気《き》味がいい。
ぐめさ ぐめさ
へえ。おもしれえ音がしやす。
ぐめさ ぐめさ ぐめさ ぐめさ
♫
なんとなく得意
♪
ぐめさ ぐめさ ぐめさ
♪ ♪
ぐめさ ぐめさ ぐめさ
♪
カアー カアー
——はておらァどけえ行ったっけ。
……。

おわり。

天下泰平
呑《の》んのんやまんが
飯《まま》を炊いていると義父《とと》さまがお尻《いど》にさわります。
プンプン
ナニ、けしからねえ。息子《オレ》の嫁《カカ》をば。
フウフウ
……。
ぎゅっ
あれッ
はっ
あッ
コレお父っさん何をしなさる。
ハハ
いくつになっても子はかわいい。
おわり.

呑《のん》々《のん》まんが
ジャン
ジャン
ジャン
ジャン
ジャン
火事だぁ〜
火事だ〜
ソリャ川向うだ。
イイヤこいつは豪勢だ。
ワア〜。
サテハたいへん。
だだだだッ
アアフウせつなや。
ヤレ〜めいわくな事。
年寄にはいっそ近火《ちかび》が良い。
フウ〜
てってってっ
おわり。

呑々《のんのん》まんが
こりゃそこの娘
首をくくらせることはならぬ!!
どうぞ慈悲じゃから
くくらせておくんなさい。
ねえ。
ぴったり
…。
えへん。そんなら
早くくくって帰りや。

おわり。

天下泰平
奉納
呑々《のんのん》まんが。
たばァこをぅ
一両
あ
くぅださんせえ。
たーん
たばこ
……。
じーん
ホロ
ホロ
ホロ
ばあさんそんなにうれしいか。
勘当したバカ息子も芝居好きで、
ぐすくぐすん
今頃よそでそのように笑われておるかと思うと
それが情けのうて…。
おわり

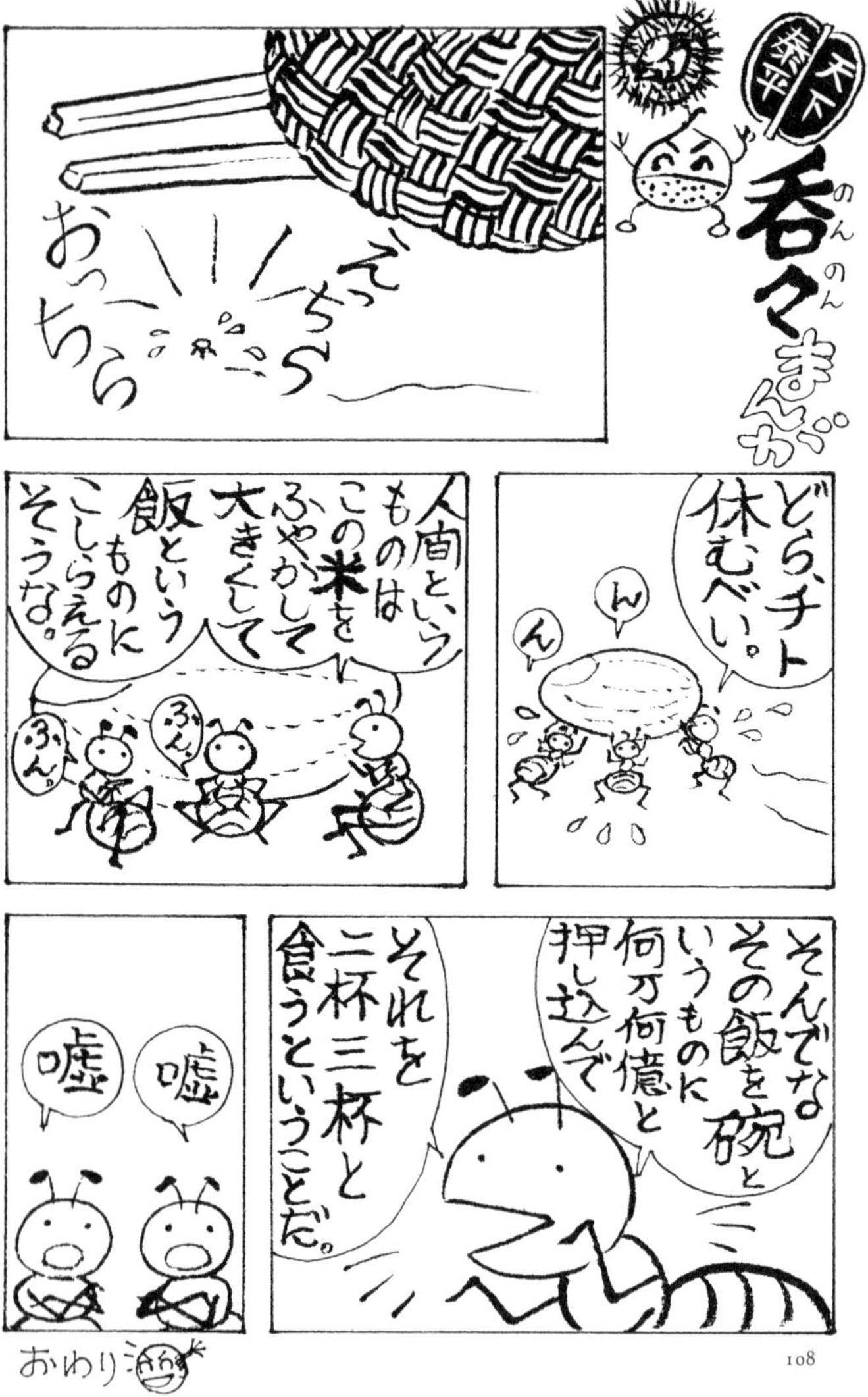
天下泰平
吞《のん》々《のん》まんが
そっちら
おっちら
どら、チト休むべい。
ん
ん
人間というものはこの米をふやかして大きくして
飯というものにこしらえるそうな。
ふん
ふん。
そんでなその飯を碗というものに何万何億と押し込んで
それを二杯三杯と食うということだ。
嘘
嘘
おわり

泰平天下
呑《のん》々《のん》まんが
モシヤ お仲さんじゃ……
ハッ
お前は為さんか。
ヤレ、とんだ奇遇じゃ。
再会!
ホンニノウ。
イヤハヤ惜しいこと。
お互い髪のあるうちに会いたかった。
ハハハ
ナンノ、案じやるな。
ポッ
心まで尼にはなりませぬ。
おわり。

天下泰平
呑々《のんのん》まんが。
のそ
ヤア人相の悪い犬が来た。
ハハン犬の人相や
馬の人生があってたまるか。
ったって人にも猫舌や鳥眼があるものを。
ぷか
ヒバリ
ピーチュル
ピーチュル
そういやそうだ。
ピーチク
パーチク
一盃おごろう。
ホイキタ。
おわり

参　遊里

江戸っ子と遊びについて

あそびをせむとやうまれけむ。人間は遊ぶ生き物である。江戸っ子を見ていると、つくづくソウ思う。

とにかく、よく、遊ぶ。それこそ、寸暇を惜しまず、視聴覚、五体、頭脳、全身全霊丸々駆使して、遊んでいる。

現在の我々のように、二時間も並んで、新型ジェットコースターに乗ったり、パック旅行で、添乗員の後っ尻につながって、右往左往するような、安直な芸のない「遊び」とは違う。

江戸っ子にとって、遊びは、パッケージングされた商品ではなくて、常に、手作りの創意と工夫のカタマリだった。それだから、懐が寂しいから遊べない、なんて事はなくて、一文無しでも十分に遊べてしまう。

四季折々を素材にした、風流な遊びの中でも、殊に江戸らしいのが「枯れ野見」だろう。雪でも、月でも、ましてや花でもない。冬の、一面に枯れた、何もない野っ原を、わざわざ見る為に出掛けて行くのである。どこまで楽しめるかは、遊ぶ人の才量次第だ。どんな場面からでも「旨味《うまみ》」を引き出す。ただ見ているだけじゃない。同じ風景を見ても、人より丹念に味わおうとするのが、江戸っ子の大好きな「一句捻《ひね》る」遊びでもある。

また、江戸っ子たちの会話の中には、洒落、地口といった無駄口が非常に多い。短いおしゃべりの合間にも、駄洒落のひとつも入らないようでは、江戸っ子と言えないぐらい、言葉遊びが好きだ。相手より、ひとつでも多く無駄口を挟もうと、頭の中のデータを総動員して会話する。当然、ことわざや成句の在庫が豊富な年長者が、有利となる。

考えざる者、遊ぶべからず。これらの遊びには、臨機応変のアドリブ能力が必須であるから、人生経験の浅い子供たちの出る幕はない。江戸の遊びは、いつだって、喜怒哀楽の場数を踏んだ、大人たちが主役である。

大人が遊ぶ町。これこそが、江戸の大きな魅力となっている。

（発表誌不詳）

『江戸詩歌の空間』

うたは世につれ、世はうたにつれ。時代層を映すのがうたの特性だが、かわらぬ喜怒哀楽に邂逅《かいこう》できるのもうたの徳性だろう。

万葉集をもちだすまでもなく、古来よりひとびとは、暮らしのあらゆるシーンで、うたを詠んできた。それは、留守番電話にいれたメッセージのようでもあり、旅先からの絵葉書のようでもあり、ふと口をつくひとりごとのようでもある。むすんではきえるスピーチバルーン（しゃぼん玉）にも似た、本来プライベートな心情の吐露は、うたという形態をとることにより、見ず知らずの不特定多数の他者とアクセス可能となる。そして、そのなかのいくつかは共感のネットワークを得て、広く人口に膾炙《かいしゃ》し、永く世に伝えられる。

消えないしゃぼん玉、それが、うた（詩歌）。

うたを巡る旅は、意識下のはるかな記憶をさかのぼるゲームでもある。そして、江戸。こんな時空はちょっとあるまい。二世紀半もの泰平の下、営々と暮らしたひとびとの国。かれらは日々、なにを愛で、なにを慕い、なにを頼みに、なにに救われたか。うたは語る。それを軽やかに読み解いたのが本書だ。

著者は、一九六〇年生まれの、近世文学・詩歌史の研究者。二年前には『近世堂上歌壇の研究』（汲古書院）という労作をものにしている。本書は、俳諧、和歌、漢詩の境界線を取り外し、うたがうまれる空間に着目し、江戸詩歌のなかに、これまでになかった多様・多彩な精神の自由さを育てた、多様・多彩な江戸の日常をかいま見る。明るくしなやかな文体からは、江戸のたのしさ、うれしさを握手によって伝えてくれる、握力のあるぬくもりを感じる。

ともあれ、江戸はおもしろい。珊瑚礁のようだ。いろとりどりの魚の群れもいれば、サメもいて、小生物の遊ぶラグーンもあれば、底無しの海溝も口を開ける。その未知の世界を同時代のインストラクターに誘われる贅沢さ、これだから江戸道楽はやめられない。

「野に咲く花だけではなくて、花瓶に活けてある花」（以下「　」内本書より）や「野に鳴く虫だけではなく、虫籠のなかの虫」に、心を寄せて、〈生活の中の自然〉という、いわば〈人工の不自然〉に癒しを求めたのは、江戸の暮らしだった。いまあるわたしたちの暮らしの原型は、まさに江戸に始まる。

江戸において、「虫籠、蛍籠、花瓶、金魚鉢というような、生活空間に存在する器に取り入れられた自然を詠むという美意識の確立を」見る。自然から隔離された都市の暮らしに、潤いをもとめて、人為的に切り取った自然を、生活空間に持ちこんだ。昨今はやりの、ガーデニング、観葉植物、種々ペット、アクアリウムと同様である。

そして、「江戸時代においては、絵画が前時代とは比べものにならないほど氾濫《はんらん》し」、体験（肉眼）を越えた、イマジネーションを、うたに詠むことが可能になった。けっして遭遇し得ない伝説の偉人や、故事の名場面が、民間レベルで大量に印刷され出回っていた。絵画の普及によるイメージの共有により、詩材は飛躍的な広がりを見せる。肉眼これなどは、精巧なCG画像のゲームソフトを楽しむ現代の日常に通じている。肉眼で見た光景ではない、手で触れたことのない、生の音声を聞いたわけではない、匂いや味を感じたこともないが、それでも、身近な既知の存在として享受している。

さらに、それまでは、いたずらに狭窄なインテリのステイタスシンボルだった漢詩へ、卑近な日用品や、流行りものを詠みこんだのも、「江戸詩歌の精神の自由さ」のあらわれを示している。「漢詩の伝統的な表現を用いて、微に入り細に入りある題材の属性を描写する巧みさ、そして、題材の卑俗さと、漢詩という形式の高雅さの落差から生じるおかしさ」、この魅力。

天然と人工、実と虚、聖と俗、福と禍、表裏一体の陰陽を、まるごと、つつみこんだ時代、それが江戸ではないだろうか。それも、生活空間というコンパクトな場に引き寄せて、あくまで暮らしに軸足を据えたやり方で。よくいえば闊達《かったつ》。わるくいえば狡猾《こうかつ》。妙に所帯じみていて、にんげんくさい。のびやかでいて、ぬけめない。なににもせよ、日々をたのしむテクニシャンぞろいだった。

江戸は、だから、おもしろい。「個々の事象それぞれは私にとって理屈抜きに面白くて、秘蔵のおもちゃ箱からお気に入りの一品を出してきて、さあどうですとでも言いたい気分で書いている」という著者は、「ただモノマニアックな志向に基づいて書き散らしただけではないかと言われたら」、「面白さはわかる人にはわかるんだからそれでいいんだよ、とでも言い返してやりたい」という。

わたしたちは、江戸からなにを学ぶか、ではなく、江戸でどう遊ぶか、を考えたほうがいい。希代のワンダーランドなのだから。

（鈴木健一著　森話社刊）　（一九九八・二「毎日新聞」）

『江戸の道楽』

「趣味人」と言われて、まんざら悪い気はしないものだが、「道楽者」と言われれば、なにやら非難がましく聞こえる。

趣味は実益を兼ねることもあるが、道楽は益もないことのほうが多い。趣味はほどほどのアマチュアリズムこそよかれとするが、道楽はとことんのめりこんで家財や命さえ賭するもいとわない。趣味は日々の生活に彩りや潤いを与え、他をも楽しませる。道楽は常に暮らしを脅かし、おおむね周りを悩ませる。

「悪趣味」とは、趣味は本来善いものという前提の元にあることばであり、道楽にはおよそ善悪はない。なにかしらいつでも困った存在だからである。なぜ道楽は困るのか。

趣味は、趣の味わい。共有することにより喜びを倍加させ、コミュニケーションの手段となる。履歴書に趣味の項目があり、初対面の話題にも好適なのは、趣味はたいてい万人に無害だからだ。対して、道楽は、道を楽しむ。その道とは我が道に外ならず、「まったく個人の嗜好」（以下「　」内本書より）であり「単純に自己の願望を極めたい」という狂おしいまでのエネルギーに支えられた無償の邁進《まいしん》といえる。道楽とは、人生を張り込んだ冒険なのだ。

本書は、徳川三百年の太平に培われた三道楽、「園芸、釣り、学問・文芸」を取り上げ、それにはまった人々の逸話を介して、真の豊かさとはなにかを問いかける。そもそも趣味は忙中閑ありで、仕事の片手間でできるものだが、道楽となれば全精力をそそがなくてはならない。道楽こそは、太平の逸民にのみ許された扉であろう。そしてその扉は、家庭と仕事から一歩踏み出す出口であると同時に、新たな入り口でもあったのだ。

まずは園芸。「江戸の各所で開かれる年中行事の植木市」から究極の「大名庭園」まで、「緑の杜《もり》地帯が江戸全体にしめる割合はおそらく九割近」いとみられ「世界にも例を見ないくらいの緑の都市であったろうと思われる」。長屋の軒下から、大名の壮大な庭園まで、花のお江戸の名のとおり、四季折々の草木が咲き乱れていた。なかでも有り余る時間と財力に飽かせて「オーストリアの生物学者メンデル（一八二二～八四）も顔負けの本格的な遺伝品種の改良」にいそしむ道楽者の情熱は、（たまさかそれが利殖につながることはあっても、本来の目的ではなく）極私的独占欲から生じたものである。

釣り。仏教国として釣りは殺生であり、江戸時代においては、生業の漁以外は無用の行為だった。それでも、昨晩の大雨の水溜まりにさえ糸を垂らす勢いの太公望がわんさかいた。花川戸の畳職人から家康の曾孫まで「釣果に貴賤の別なく、その人の腕前と勘と、当日の運によるというところは、実に単純このうえない、万人平等な『道楽』であった」。釣り場を求めて東へ西へ、荒天に遭遇し犬死するも恐れず、職場も家庭も顧みない。同時代の硬骨の士は「生涯にただ一日の日を何の役にも立たない楽しみでおくることは嘆かわしい。祭礼に妻子を犠牲にすることと等しく、大馬鹿者というべきである」と酷評するが、道楽の本質は、何の役にも立たない楽しみに命懸けになる大馬鹿さにあるのだということがよくわかる。

文芸や学問を道楽とは、奇異に聞こえるかもしれない。『大日本沿海輿地全図』という前人未踏の偉業を成し遂げた伊能忠敬は、数え五〇歳で隠居後、晩学に励み、全国測量旅行を敢行し、余生のすべての時間と莫大な私財を投じ、希求する己が望みを達成した。これを道楽と言わずしてなんであろう。他にも、無報酬で当世の穴を穿ち、政策を揶揄し、筆禍を受けた戯作者の酔狂もまた道楽であり、隠居後、三十年にわたり全二百巻もの膨大な随筆に心血を注いだ老人の気概もまたひとつの道楽であろう。「道楽は時の権力や権威などといったものと距離を置いたところで、個々人の遊び心と、心の余裕がもたらしたものであ」り「金銭では代えられない楽しみであった」。この遊び心と心の余裕を持った江戸の道楽者たちには、強烈な自我と、柔軟な思考、旺盛な好奇心、そしてなにより凄絶な覚悟が備わっていた。単なる思い付きで道楽はできない。本気でなければ、無難な趣味に甘んじているほうが賢明だ。ちなみに、道楽を〈呑む・打つ・買う〉の放蕩と混同してはいけない。道楽はのぼりつめるもの、放蕩はころがり落ちるもの、方向はまるでことなる。共通点は、どちらも浮世離れするところか。

道楽の復活は、おとなごころの復権でもある。江戸のおとなごころが手にとるようにわかる、本書の著者の共著『江戸の戯作絵本』(社会思想社)は一押しのアイテム。江戸の機知のエッセンス、黄表紙が手軽に読める。文庫版だから尻ポケットにねじこんで持ち歩ける。青空ランチのお供にいかが。道楽がリアルに見えてくる。

(棚橋正博著　講談社刊)　(一九九九・八「毎日新聞」)

江戸・遊里の粋《いき》と野暮

　江戸暮らしのルールは今とだいぶ違います。まず、初対面の人に問うてはならない三つのことがあります。というのは、江戸はいわゆる寄り合い所帯、つまり、全国各地からいろんな人が集まって住む多国籍都市です。そこで、どんな人でも受け入れられるという柔軟さが求められたのです。そのルールの一つが、生国《しょうごく》は問わない。つまり、杉浦日向子、東京都出身。これを聞いてはいけない。見たままでいいんです。あいつ、東北出身じゃないかな？　いや、栃木の方に近いんじゃないかな、という想像は勝手ですが、生国はいきなり問うてはならない。

　二番目は、年齢を聞いてはいけない。先ほど、ちゃんと一九五八年生まれと言われました。その通りですが、それも見たままでいいんです。年上に見えたら、そのように扱えばいいし、年下に見えたら、それなりに扱えばいい。

　最後の三つ目は、過去と家族、つまり来歴を問うてはならない。国元におっかさんを残して来たとか、子どもはいるの、結婚はしてるの、といったことを詮索してはいけないんです。とにかく、今、目の前にいる一人の人物として扱うことからスタートしなさい、履歴は何の役にも立たない。データは無視してよい。これから私たちのつき合いが始まるんだという心意気が江戸の人たちにはありました。

でも、明治新政府が樹立した時点で、そういうルールがあったことは忘れ去られていきました。人々にとってはすでに記憶の彼方になってしまいましたが、まあ、皆さんに江戸っていう時代はこんな雰囲気なのかなという印象が残れば幸いです。

いきなり本題に入る前に、枕、いわゆる前説として、〝お米〟の話をいたしましょう。今、大阪でAPECが開かれておりますが、農産物の自由化について日本政府が唯一渋っているのが、米です。私たち日本人は、長い間、お米を特別な作物として扱ってまいりました。特に江戸時代は、皆さんもご存じの通り、米はただの食物ではなく、現金として通用したわけです。たとえば、三十石取りの侍と言われたように、武士の給料は米で支払われました。玄米でしたが、何石取り、何俵取り、などと武士の地位や身分がお米の量で表されました。そして食べる分以外のお米を両替、つまり現金に換金して、生活していました。米が現金として通用した私たちの国では、米はシンボリックな、特別な物であったのです。

武士の給料設定がまた面白いもので、給料は関ヶ原の戦いのときに先祖が徳川方にどれくらい貢献したかの評価額といえます。それ以降、その家の禄高は固定されています。ですから江戸時代二百六十四年間、ベース・アップ、ゼロ。物価はどんどん上がっても、お給料は元のまま。でも武士だって出世はある、とお思いでしょうが、武士の総数の増減はほとんどなく、また武士に支払われる米の石高も全体枠があるので、上位の武士が何かでしくじるとかで、そのポストが空かないと出世ができない仕組みになっていました。つまり、閉じられたなかでやりくりするわけですから、穏健な人は生涯そのポジションのままでいくしかない。つまり武士階級というのは、確実に年々貧乏になっていく階層なんです。そんな状態でも、武士たちの不満は戦争という形にまではなりませんでした。

戦争がないということは、領地を獲得するチャンスがないことを意味します。そこで、三代家光あたりまでは、幕府の隠密《おんみつ》を諸藩に放ち、大名の欠点を見つけては、通知表を付けた。たとえば、あの藩は内部がもめているから潰してしまおうという具合に、何か短所を見つけては、お取り潰しの材料にして天領を増やしたわけです。こうして、少しは貯蓄を増やしたものの、もう潰すところがなくなってしまった。大名の方だって、おめおめ足元をすくわれたり、ハメられてばかりいられませんから、知恵もついてガードも固くなります。他から奪って財源を増す方法が、通用しなくなってしまった。財源が増す見込みがもはやない。そこで行われたのが、享保《きょうほ》の改革でした。

ＮＨＫの大河ドラマで、「八代将軍吉宗」が好評でしたが、彼は、関ヶ原の戦い後百年の時代の将軍です。私たちは今、戦後五十年ですが、その二倍の長さの平和な時代が続いていた。その百年間続いた泰平の世に吉宗が登場して、大岡越前守と手を携えて享保の改革をしたのです。はじめての政治改革、この政治改革はどちらかと言うと財政改革なんですが、それを行った。

改革と言うと、世の中が明るく活気づくイメージがあります。特に庶民層に厚い世直しかな、と一瞬思いがちですが、それは嘘です。騙されてはいけません。お上の言うことは、みな嘘です。今でもそうかもしれませんね。

では、この享保の改革はどういうものだったのか。まず、物価を下げなさい。これはいいでしょう。それから、新製品、新規に物をつくってはいけない。とにかく、消費意欲の減退、消費を縮小させようということなんです。ぜいたくな物を着てはいけないとか、おいしい物や高価な初ものを食べてはいけないなど、生活の細部にまで立ち入った規制だったのです。取り締まりの対象には、かいわれ大根なんて物も含まれていました。かいわれ大根は季節はずれになればこその珍味で、炭火をおこし、温室栽培でぜいたくにつくっていたので、そんなものはけしからんと、真っ先に取り締まられたのです。それから、浮かれ遊んではいけない。悪いところに入り浸ってはいけない。悪いところとは何ぞや？　これは、芝居小屋と遊廓です。みんなの大好きなところは全部、お上からみると悪いところなんです。とにかく風俗を矯正することがメインでした。

なかでも、この改革でいちばん力を注いだのは、米相場に介入して米の価格を高値安定させることでした。なぜかと言うと、給料が上がらないけれど、米の相場が上がれば、それだけベース・アップしたことになるからです。そして、巷の物価をぐっと抑えつけると、武士の生活だけが楽になるというカラクリだったのです。

その後、寛政の改革が、松平定信の時代にありました。その次が、天保の改革で、これは、老中・水野忠邦とあの遠山の金さんの二人が中心になって行いました。二百六十年間に大きな改革はこれら三つだけでしたが、三つだけというのは、結構優秀だったなぁ。まあチープ・ガバメントだったけれど、それなりに何とかやりくりしていたんではないかなと、どちらかと言えばほめてあげたいような気がします。

こういう意味からも、米は長い間私たち日本人にとって特別な作物だったわけです。

ところで、米という字は八十八と書きます。八十八歳になると米寿のお祝いをします。八十八とは、お百姓さんが八十八の手間をかけて丹精込めてつくるのだから、一粒たりとも粗末にしてはいけない。昔は、お嫁さんが米を研いで、流しに二、三粒でも落ちていると、お姑さんからそういうふうに諭されたという話がエピソードとして残っておりますが、かつては、この八十八という言葉にはもう一つの意味がありました。

それは、八十八の手間の他に八十八の利用法があるということです。つまり、米には捨てる部分がないというわけです。もちろん、中身の米は食べて、稲藁《いなわら》は、草鞋《わらじ》、敷物、俵、縄にする。屑藁は燃料にしたり、壁の苆《すさ》という、壁土にまぜ込む補強材としました。燃やした後の藁灰も優れた肥料になる。脱穀した後の籾殻《もみがら》は、瀬戸物などの割れ物の運搬時のパッキンにする。これも燃料になり、その灰も肥料として役立ちます。灰は肥料以外にも、酒造、染色、釉薬《ゆうやく》、製紙、洗剤など、さまざまな分野に活用されました。それから、糠。これは、ポピュラーですね。まず、漬物にする、お風呂で使う糠袋、といった具合に、米はとにかく八十八ほど、たくさんの用途があった生活を支える資源だったのです。

今は、これら米の副産物を加工するのに、コストや手間がかかるというので、単なるゴミとして捨てることのほうが多いのです。食文化とは、食物に対する感謝の念、つまり無駄なく使い切ることから生まれる知恵です。その観点からみれば、現代の食文化は退化していると言わざるを得ません。

だんだん本題から遠のいていているようで、実は近づいていているんですよ。米の話題が出たところで、ここで〝ごはん〟についても触れておきましょう。ごはんとは、いったいどういう状態のお米なんでしょうか。ごはんというのは、実は、たった一つの状態のお米を指す言葉にすぎなかったんですよ、江戸時代には。これは、銀シャリ、つまり、真っ白なお米を炊いた、炊きたてのものを指すのです。何たって、ごはん、御という字がつく飯なんて、そうざらにあるもんじゃない。白い、炊きたての、湯気のたつものだけが〝ごはん〟なんです。

今でもお母さんが、外で遊んでいるお子さんを、「ごはんですよ！」と呼びますが、あれは、本来、百二十年ほど前の東京、つまり江戸の地方言語、方言でした。明治以降全国で使われるようになりましたが、江戸のころは、江戸特有の言いまわしでした。なぜなら、江戸の人々は将軍様の膝元というおごりがあってか、長屋の住人に至るまで白米を常食していました。当時の日本全体では、玄米食が主流でしたし、あとは雑穀を混ぜて炊き込んでいました。ですから、銀シャリを朝晩食べられたのは、江戸の繁華で、江戸の百二十万都市という栄えがあればこその特権でした。つまり、〝白いごはんイコール食事〟とは、江戸住まいの豊かさの象徴だったのですね。

では、他の人々は、〝ごはん〟じゃなくて、何を食べていたのかと言うと、〝めし〟です。〝めしイコール食事〟です。だから、ちょっとした食事処を〝めし屋〟と言います。けっして〝ごはん屋〟とは言いません。真っ白な炊きたてがごはんですから、〝松茸ごはん〟〝栗ごはん〟という言い方はしません。〝松茸めし〟〝栗めし〟〝かきめし〟〝いかめし〟〝五目めし〟と言います。さらに、銀シャリも冷めれば、ごはんから降格して冷《ひや》めしになります。こんなこと覚えていても、あまり自慢にはなりませんが、めしとごはんの区別があるというのも米文化なのです。

ついでに、おにぎりとおむすびも別のものです。形も違います。どちらかと言えば、おにぎりは男言葉で、おむすびは女房言葉です。まあ、男性は〝おにぎり〟と言うより、〝にぎりめし〟でしょう。おにぎりというのは、手を握った形。俵形か、平べったくてもいいんですが、丸に近い形のものです。おむすびというのは、たとえば、文を結ぶときの結び方、おみくじなんかを木に結えつけるときのあの結び方で、あの結び目の中心の三角の形ですね。ですから童話の「おむすびコロリン……」にはなりません。三角ではコロコロころがりませんね。あれは「おにぎりコロリン……」が正確なのです。

ところで、〝粋《いき》〟という字には、米という字がついていますよね。ここで、この〝粋《いき》〟の字解きをしてみます。さきほど、〝米〟は八十八と書くと申しました。粋の字は左側が八十八、右側が九十でできていますが、中に隠し言葉があります。これは、江戸の人が後からこじつけたもので正論ではありません。言葉遊びが好きな江戸っ子たちが、勝手にこじつけたものですから、真剣にお聞きにならないでください。八十八と九十の間に何がある？　八十九ですね。では、それを何と読むか？　八十八は〝米〟、八十九は〝ヤットクウ〟、九十は卒業の卒、つまり「米をやっと食う段階から脱する、すなわち、食うや食わずの生活から脱してゆとりのある状態にならないと、粋《いき》な遊びはできないよ」という意味だと彼らはこじつけたんです。

つまり、生活プラスアルファ、そのプラスアルファの部分が〝粋《いき》〟なんです。これがなくてもお腹は減らない部分ですね。これを知らずに一生を過ごしても、お腹は減らないし、暮らしに困るようなこともないというものが、すなわち、〝粋《いき》〟なんです。では、これはどんなところで生まれた価値観かと言えば、まず暮らし、つまり家庭の中にはないものです。ですから、粋《いき》な家庭だね、粋《いき》な家族だね、というのはありえません。家庭、家族というのは、暮らしの場ですから、そういうところでは粋《いき》は育まれない。では、どんなところで育まれるのか？　つまり、旦那さんから見れば、妾宅、お妾さんの家です。それから悪所、つまり、芝居小屋、遊廓といったところで、そういうところで育まれた異色の価値観なんです。生活からいちばん遠いところにあるものです。粋《いき》で生計を立てようというのは、まず無理です。粋《いき》は浪費によって得られるもので、収入の手段にはけっしてなりません。

こういう粋《いき》という美学が江戸に発生した誘因に、遊里の存在があります。まず、吉原。ここは、日本一、当時なら、世界一の規模だった。当時の江戸は百万から百二十万の人口があり、同時代のパリやロンドンの倍以上、つまり、世界最大のメトロポリスだった。吉原は遊女三千人の町、全国から選りすぐりの美女が三千人、あの廓《くるわ》の中にいたのです。

それから岡場所がありました。岡場所の岡は、岡《おか》っ引《ぴ》きや岡目《おかめ》八目《はちもく》の岡で、〝ほか〟、つまり、正統ではない、脇のところという意味で、〝岡惚れ〟とか言いますね、あれです。まず、新宿、それから、品川、深川、千住、板橋の五つがありました。他にも小規模の、私娼の類は、市中至るところに無数にありました。風俗的な場所としては、出合い茶屋。茶屋と言ってもお茶を飲むところではなくて、今で言うラブホテルのことです。人目を忍ぶ逢引《あいびき》などに手軽に利用されました。有名なところでは、上野の池《いけ》之端《のはた》周辺にずらーっと軒を並べて、いつも若いカップルで満杯だったとか。そういった部屋の障子をカラッと開けると、前が池ですから、女の子が、「あれ、スッポンが見ていやんすよ」などと言いながら、甘いひとときを過ごしていたんでしょうか。このように、江戸というところは粋《いき》の土壌としては、非常に肥沃で、日夜、色恋の生まれ育たぬはずがないというくらい、よく肥えていたのです。

主に遊里の遊びを活写しつくしたのが洒落本《しやれ》です。遊里文学とも言われて、それを読むと、当時の吉原や遊里がどういうものだったか、どんな遊び方をしていたのかがつぶさにわかるようになっています。洒落本は渋柿色の表紙がついていて、半紙を四分の一に折ったくらいの小さな本です。懐中にすっと入る大きさで、表紙の色から〝茶表紙〟とも呼ばれていました。

この〝茶〟というのも結構くせものです。〝茶の笑い〟というのがあります。その〝茶の笑い〟とは何ぞや？　お茶目の〝茶〟に似ています。何かスッコーンと抜けたような、馬鹿馬鹿しい笑いを〝茶の笑い〟と言います。たとえば、外野手同士がお見合いをして、ボールが見事に落ちちゃったときとか、ピッチャーが思いきり振りかぶって、野茂のようなトルネードを気取ったとたん、ボールがすべったとか、思ってもみなかったことが起こったという作為のない笑いを、〝茶の笑い〟と言います。ですから、茶表紙には、そういうストンとした、素っとぼけた笑いが書かれている本だよ、という意味もあるのです。

茶の笑いは、江戸の人たちがいちばん好きな笑いです。草双紙《くさぞうし》は、洒落本、滑稽本、黄表紙といった江戸の戯作本の総称です。それを支持した江戸時代の人々は、なべて草双紙は茶なるをもって尊しとする、草双紙の理屈くささと味噌の味噌くささを嫌う、と言ったものです。あっさりとした茶の笑いを遊廓の中にも求められていました。

洒落本の〝洒落〟は、もとは、日田の〝日〟の右側に西の字、つまり〝晒〟という字を使っていました。この意味は、〝晒落〟とは晒《さら》し落ちる、すなわち〝しゃれこうべ〟であり、また〝雨ざらしのキサゴ〟を示しています。キサゴは三角の小さな巻貝で、雨どいの下の水が落ちてくるところに並べておくとハネが少ないというので、そういうところに置いたものですが、野ざらしのしゃれこうべも雨ざらしのキサゴも真っ白くなって、カラカラになっている、そういう状態を表している言葉なんです。つまり、ギラギラしていない、がむしゃらではない、脂ぎっていないわけです。

しゃれこうべも、雨ざらしのキサゴも、末枯《すが》れたもので、欲得や功名心から離れたおかしみなのです。そういうおかしみをあえて尊んだのが、晒落、そして洒落の美学なんです。このおかしみの要素に近いものに風流があります。この風が流れるという感覚も、江戸の人たちは大切にしました。たとえばちょこっと穴をうがつような遊び心、閉まった障子に指でツンと穴を開けるようなあの感覚。障子をさっと開けてしまっては風流にならないのです。指先を湿らせて開けた障子の穴から覗き見る瞬間、外気がほのかに流れ込んでくるのが風流な一瞬なのです。結構、微妙で繊細な感覚なんですね。

そしてシャレ。普通のサンズイの方で書く〝洒落〟で、当世、今の世でいちばん新しいものということです。つまり、去年の洒落というものはない。今の洒落しかないわけです。

これら「茶の笑い」「晒《さら》す（末枯れ）」「風流」「洒落る」が、草双紙の不可欠要素でした。草双紙は、通と無駄の文学と言われます。無駄というのは、必要のないものという意味ではなく、ナンセンスというニュアンスです。つまり、実用的とか教訓調ではないんです。ハハハ……と笑いのめして過ぎ去ってしまう風のようなものです。それから、〝通〟。「あの人は通だねえ」という漠然とした言いまわしから、〝銀座通〟〝紅茶通〟〝コーヒー通〟といったような、その道の達人へ冠するものまでいろいろあります。つまり、ウンチクがあるとか、一家言持っている、場数を踏んでいる、選別眼がある。いわゆる〝目利き〟。「ああ、これはいい茶碗だね」なんて言う人を第三者が〝通〟と認めるのであって、自称の通は半可通と言います。

　そして通ととても似ているものに、〝粋〟があります。〝粋《いき》〟と同じ字を書きますが、同じ字なのに、読み方が違うばかりでなく、中身も全く違います。元々この字には〝すい〟という読み方しかありませんでした。これはピュアなこと、まじりっ気のないことを意味します。江戸時代の中期以降、江戸に芽生えた美意識、「意気」「活き」「好風《いき》」にすいに似た価値観を見出し、粋《すい》にいきという音を付けたとも言います。

粋《すい》と言えばよく〝生粋《きっすい》〟なんて言いますすね。『江戸前生粋ビール』なんてのが、先ごろ発売されましたが、〝生粋〟とは、上方生まれの言葉です。純粋で、まじりっ気がないことを意味する同様な言いまわしは、江戸では、〝正しく真《まこと》〟と書いて〝正真《しょうじん》〟が妥当でしょう。『江戸前正真生ビール』なら正確ですが、硬派すぎる響きかもしれません。

　さて、いよいよ本題の〝粋《すい》〟と〝粋《いき》〟の違いについてお話ししましょう。まず、視覚的な面から見てみましょう。生まれも育ちも関西という多田道太郎先生が九鬼周造の名著『「いき」の構造』に書かれたあとがきの中で、〝粋《すい》〟について述べておられます。「粋《すい》な柄」「粋《すい》な色」というのがある。上方で〝粋《すい》〟とは、たとえば赤、白のようにはっきりした、感覚的に鮮やかな、という意味である、と。ところが、江戸で言う「粋《いき》な色・柄」は、渋味を基調として、格子、縞、小紋などがいわゆる「粋《いき》な柄」となります。京友禅のような豪華な物や凝った模様や派手な色合いの物は江戸っ子の好みではなかったようで、「粋《いき》な色」とは、黒にとどめを刺します。〝通人の黒づくし〟と言って、通人を気取る人が遊廓に通うときには、上から下までゾロッとした黒い衣装を着ました。これは、通人の制服のように定着したいでたちでした。地味な色柄の何処に凝るかと言うと、たとえば、羽織は羽二重《はぶたえ》で、着物は縮緬《ちりめん》、下着は紬。色は全部黒ですが、おのおのの素材で質感を変えることによってオシャレをするのです。非常にディテールに凝ったオシャレです。そして、黒の次に好まれたのが、雀《すずめ》の羽色。雀を思い浮かべて、その羽のすべての色を思い出してください。黒、茶色、白、グレー、ベージュといったモノトーン感覚が江戸好みなのですね。

それに対して、京都などでは、〝京の錦〟と言いまして、絢爛《けんらん》たる友禅染であり、西陣織であった。大坂の三彩、三つの彩りとは、歌舞伎の定式幕《じょうしきまく》の色です。黒に柿渋、常盤緑《ときわみどり》、このわずか三色で、あれほどの豪華さ、重厚さを演出している。これは、大坂人の合理性のなせる業であり、才覚だということです。江戸人は、最もシンプルな黒を選びました。

〝粋《すい》〟には、上品《じょうひん》を求められます。上品とは浮世離れをした状態、たとえば、深窓の令嬢が世情に疎《うと》かったり、毎日自家用車で学校へ送り迎えさせるお金持ちの子どもが、電車の切符の買い方を知らないといったことも上品です。また、端正に整っていることも、上品の要素です。

ところが、〝粋《いき》〟は、下品《げぼん》――〝げひん〟と読んではいけません――なんです。その間には、中品《ちゅうぼん》がありますが、これは中庸と同じで、極く普通、平凡という意味です。〝粋《いき》〟の下品とは、ちょっと変わっているというニュアンスで、たとえば、少し歪んでいる茶碗、見たことのない焼色の焼き物などが下品に当たります。つまりひねり技が入ってきます。

また、〝粋《すい》〟の反対語は、〝無粋《ぶすい》〟です。〝通〟の反対語は〝不通〟です。でも〝粋《いき》〟の反対語は、〝無粋《ぶいき》〟とは言いません。では〝野暮《やぼ》〟か？　これが、またちょっと違うんですね。「野暮はもまれて粋《いき》になる」という言葉があります。〝野暮〟はまだ〝粋《いき》〟の芽が出ない状態を指します。うまく芽が出て、花が咲けば、〝粋《いき》〟になる可能性が秘められているので、〝粋《すい》〟と〝無粋《ぶすい》〟のように、真っ向から対立する関係ではありません。〝野暮〟は、〝粋《いき》〟の原石でもあり、そこが〝粋《いき》〟の反対語とは言えない理由なんです。「野暮はもまれて粋《いき》となる」とは、たとえば、何度も水をくぐった紬が艶としなやかさを増すような、また、「鰯も百回洗えば、鯛の味」に通じる美意識でしょうね。鯛は、食べて確かにおいしいんですが、そのまんまの鯛は興なき物、つまり、面白味に欠ける。こういう価値観こそがすなわち〝粋《いき》〟と言えるでしょう。

この二つの最下位ランク、つまりどこにも属せない、反対にもなれない、もう救いようがないのが〝気障《きざ》〟――〝気ざわり〟です。今、〝キザ〟と言うと、二枚目の役者が格好いいセリフ、殺し文句をキメたときなど、「キザだなぁ！」とか言って、マイナスのイメージというより、ちょっと冷やかす感じですが、この〝気障り《きざわ》〟と書く〝気障〟は、完全に見限られています。少々汚い表現ですが、こういった〝気障な奴〟を江戸っ子は「柄《え》のない肥柄杓《こえびしゃく》で手のつけようがない」と嘲笑いました。〝気障〟は、自分が気障であることに気づいていないからなのです。気づいていれば、直しようもありますが、他人に不快感を与えている事実に気づかないので、どうしようもない。あんな奴とは、友だちになりたくないと避けられていることにすら気づかない。〝気障〟自身は、通であり、粋《いき》であるつもりでいるから、可哀想に、そこから抜けられない。いわゆる〝気障地獄〟に陥ってしまうんです。

〝粋《すい》〟のほうには恋がきます。恋とは粋《すい》なものでした。「恋の闇」なんて言って、恋は一途に身を焦がして、思いつめる。つまり、「恋の闇」、本気になることです。

〝粋《すい》〟のピュアの意味にぴったりですね。また、〝粋《すい》〟は〝好いたらしい〟の〝すい〟、好きという意味にも通じます。

ところが、〝粋《いき》〟というときには、色、色事の色が来ます。「恋の闇」に対して、「色は、その日の出来心」。恋の本気に対し、浮気心のおもしろさ。恋の方は透きとおっていて、ピュアで、好感が持たれますが、〝粋《いき》〟の色には独特のアクがあります。毒とさえ言っても構いません。それゆえ、どうしようもなくその虜になってしまう人もいますが、そんなのは不道徳という人もいます。お酒や、タバコに害毒があっても絶ちがたい。色もお酒やタバコに似ています。恋はピュアなもので、潤いの水、それも深井戸の清水といったところでしょう。〝粋《すい》〟は水の〝すい〟にも通じ、〝粋《すい》〟と〝粋《いき》〟の違いは、水と酒、どちらにせよ過ぎれば溺れるということです。そして、アク、毒の〝粋《いき》〟は、〝異なる気配〟の〝異気〟という当て字もできます。

粋《すい》と粋《いき》は遊び方も異なります。粋《すい》は多芸多才。いろんなことを知り学び、さまざまな芸事を習い覚えているといったように、持ち駒がたくさんあるのが〝粋《すい》な遊び〟です。一方、〝粋《いき》な遊び〟は、隠し玉があることです。それをあたかも持っているように見せかけて——一生出さなくてもいいんです——とにかく、「隠し玉があるぞ」っていう気概を持つことが大事なんです。

さらにこの〝粋《いき》〟は「俺は粋《いき》だろう」と自己申告できません。あくまで他人、第三者が評価するものです。また、本人を目の前にして「あんたは粋《いき》だねぇ」という使い方もしません。これは、残り香と言いましょうか、本人がいなくなってからの印象なんです。客が帰った後で、ふっと「ああ、そう言えば、あの人は粋《いき》だったねぇ。粋《いき》な遊び方をしていたねぇ」と思い出されるようなもので、リアルタイムで本人に向かって言いませんでした。

〝粋《すい》〟の方は、「まあ、粋《すい》なお人やなぁ！」というように、一種のくすぐりとして、ほめ言葉として使えますが、〝粋《いき》〟は、必ず過去形で「粋《いき》だった」というのが正しい使い方です。極端な例を挙げれば、棺桶の蓋を閉めて「ジイちゃんも結構遊んでたけれど、粋《いき》だったよねぇ」と言われれば、大成功。でも、〝粋《すい》〟の方は、生きているうちにちゃんとほめてもらえます。こうしてみますと、江戸は、京や大坂に対して、いわば刹那《せつな》的《てき》な文化を持っていたと言えるのかもしれません。

これで、〝粋《すい》〟と〝粋《いき》〟の大きな違いがおわかりになったかと思います。〝粋《いき》〟というのは、本気にならないことで、抑制がきいています。これを〝寸止め〟と言い、最後の一枚までは、裸にならない、つまり本心を表さない。どこかで止めている、どこかに隠し玉を持っている。惚れているのに、惚れていると言わずに、惚れた状態でいる、つまり、接近と回避をくり返すのです。

たとえば、遊女と客の関係です。切れてしまえば、金づるだから困りますが、深みにはまって心中沙汰になったら大変です。こっちは商売で男につきあってやっているんだから、せいぜい男に自惚れさせてつなぎ止めつつ、また他の男もつなぎ止めて、つまり接近と回避を続けながら遊女の年季明けを待つわけです。この接近と回避は、遊女と客の虚構の構築、つまり手練手管《てれんてくだ》、客をあしらうマニュアルなんです。

その手練手管の中でいちばん有名なのは、〝心中立て《しんじゅうだ》〟です。心中といいますと、近松の作品のように男女共に死ぬことを思い浮かべるかもしれませんが、〝心中立て〟というのは、「私の心の中をお見せしますよ」、つまり、あんたのことをこんなに思っているんだ、と心の中を開いて見せることを言います。

そこで、先ほどの吉原の〝心中立て〟とは、いかなるものであったかを締めにお話ししましょう。まず第一に、起請誓紙《きしょうせいし》。誓いの言葉を紙に書き、神社に奉納します。有名なところでは、熊野牛王《くまのごおう》。そこで発行している、烏がいっぱい木版刷りされた紙三枚の裏に書いて、一枚は男に、一枚は自分に、一枚は神社に奉納します。そこに、

「私とあなたはけっして切れません。二世を誓った仲です」といったことを認《したた》めて、ちょっと指を切って血判を押します。この起請を書くと、熊野では烏が一羽落ちて死ぬと言われ、徒《あだ》やおろそかにやってはいけないのですが、江戸時代の中期以降、どういうわけかご都合主義になってしまって、起請文も七十五枚までは、神仏もお許しになるという――この数字がどこから出たのかわかりませんが――とにかく、七十五枚まではOKだよという説が定着したのです。つまり遊女は、二十五人までは騙《だま》せました。

第二は、放爪《ほうそう》と言い、遊女が自分の爪をはがして、小さな桐の箱に入れ、「ほら、これが私の心だよ」と言って客に渡すのです。手の平を柱にヒモでぐるぐる巻きにして、どの爪にするかを決めて、ひと息にはがすそうですが、なかなか物騒な話ですね。

第三に、入れ黒子《ぼくろ》。これは、〝何様命〟と客の名前を二ノ腕に彫ることです。客の筆跡が最上とされました。

第四は、貫肉《かんにく》。小さな小刀を使って、お客の前に座り、自分の太腿をぐさっと突くんです。「あんたのことをこれだけ思っているんだよ」ということを見せつけるわけです。これは、元々、戦国時代の武士の間で行われていた〝衆道《しゆどう》〟、つまり同性愛の遺風で、心中立ての一つの方法だったんですけれど、吉原は、張りと意気地の、男っぽい江戸前なので、そういう衆道の習慣も入って来たのですね。

第五は、指切り。小指の第一関節にカミソリを当て、箱枕でガンと叩くんだそうです。それをするときには、周りを屏風で取り囲み、指がどこかへすっ飛んで行かないようにして、朋輩女郎《ほうばいじょろう》、つまり仲間の女郎さんにガンとやってもらいました。これを桐の小箱に入れて、思う男に送り付けるのです。

第六は、髪切り。これは、痛くもないので、良さそうな気がしますが、いちばん重大なものでした。髻《もとどり》のところでプッツリ切り、その髪を渡すのです。これが遊女の身にはいちばん辛かった。なぜかと言えば、髪を結えなければ、遊女の商売ができない。髪が伸びるまでの二年あるいは三年の間、〝身仕舞《みじまい》〟と言って、自分で借金を増やしていくしかありません。商売をせずに、楼主、店に借金して、じっと我慢していなければならないからです。

でも実際、本当にこんなことをやっていたら、遊女は勤まらないし、体がいくつあってももちません。そこで、これにには全部ウラがありました。起請文は、七十五枚まで書けるんだから、これは大丈夫。放爪は、別に目の前でやらなくてもいい。ただ送り付けてやれば済むものだから、妹女郎、つまりまだ客をとらない小さな少女の小指の爪を内緒で長く伸ばさせておいて、それを切って、魚の血かなにかちょっと付けてやればいいんです。

入れ黒子《ほくろ》は、油性の墨で描いておいて、暗い行灯《あんどん》の光で、「ほら」って見せる。それを疑って、「お前、書いたんじゃないか？」と腕をさすって、万一消えなかったら、客の面目は丸つぶれ。あげく「あんた、疑ったわね⁉」って、振られちゃいます。客の方もそれが怖いから、けっしてさすったりしません。

太腿グサリの貫肉ですが、芝居用の、刀身が柄の中に入ってしまう小刀があります。そして、その柄の中に血糊が仕込んであって、刀身が入ると血糊がブシュッと飛び散る仕掛けになっています。それも江戸時代の暗い行灯《あんどん》の灯で見るんですから、いかにもそれらしく見えるでしょう。男性は血に弱い生き物ですから、その瞬間に顔をそむける。それでおしまいです。

指切りは、吉原に揚屋町《あげやまち》といって、商人の住んでいる通りがありますが、そこにシンコ細工のバアさんがいまして、シンコ細工で小指を本物らしくつくったといいます。それを箱に入れて、自分の指に包帯を巻いておいて、「さあ！」と上げればいい。髪切りも、普通に髪を丸めておいて、手拭いか頭巾をかぶって、髢《かもじ》を渡すんです。髢ならいくらでも手に入るものなんですから。

と言った具合に、全部が嘘、虚構です。でもこれは、顧客に対する出血大サービス、特別のパフォーマンスには違いありませんから、客としては、それをそのまま喜んで受け入れなければなりません。疑ったり、「この小指さてはシンコかヱ、無念」という江戸古川柳の句がありますが、後で無念がるような客は、所詮縁なき衆生《しゅじょう》なのです。

そして最後に、一番手にモテるのは粋《いき》な人でも、通な人でもなかったと言います。格別何ということもない、誠実な、真人間が、遊女の心を最もとらえたということです。ですから、〝粋《すい》〟だ、〝粋《いき》〟だ、〝通〟だと一生懸命になっても無駄なことなのですが、でも、その無駄が人生を面白くするんでしょう。そして、そういう馬鹿馬鹿しいところが、江戸の文化の一つでもあったんです。この無駄を喜ぶ機智こそ、二百六十年間という江戸時代の太平を支えたのだと思います。

馬鹿馬鹿しい話を長々とありがとうございました。（談）

（一九九九・五　『自由の森で大学ごっこ2』小学館）

色里の夢は煙《けぶり》か

キセルの雨

「何ときついものか、大門《おおもん》をぬっと面《つら》を出すと、中《なか》ノ町《ちょう》の両側から近付《ちかづき》の女郎の吸付《すいつけ》たばこが雨の降るようナ」

ご存じ「助六」の一場面、俗に言う「キセルの雨」のくだりです。

野暮を承知で実況をすれば、江戸ッ子の花川戸助六が黒紋付《くろもんつき》に紫鉢巻《はちまき》という粋な拵《こしら》えで大門（吉原の入口）から一歩中へ入ると、両側に建並ぶ茶屋で客待ちをしている遊女が、目ざとく彼を見つけ「マア助六さん、一服おあんなんし」と吸付たばこを差し出すので、それをいちいち受取っているうちに、両手いっぱい紅羅宇《らう》キセルとなり、ヤレヤレといったところで前述の台詞をのたまうのです。

山東京伝の吉原絵本『新造図彙《しんぞうずい》』に、五葉牡丹《ぼたん》の紋（助六を示す）の付いた番傘へパラパラと細身のキセルが降る〈雨〉と題する一《ひと》コマがあります。脇の書入れには「中の町（茶屋のある大通り）の両側より降る雨なり」とあり、このシーンがいかにウケたかが良くわかります。

艶《えん》なる遊女から「～さん」と親しく名を呼ばれ、吸付たばこの一本も差し出されたならば、殿方は例外なく舞い上ってしまうことでしょう。それが、助六に及んでは、両手にあまるほどの「お振舞《ふるまい》」を受けるのですから、まさにケタ違いのモテ振りという訳です。

さて、スーパーヒーローの助六は別として一般庶民はどうだったかというと、大半は「素見《すけん》（又はヒヤカシ）」という手合《てあい》でした。これは登楼せずに、格子先だけをのぞいて歩くのです。それでも時には、吸付たばこを格子から差し出す遊女もあり、このたばこが飲みたくって、毎夜、吉原に通ったもんだそうです。

待つ身のつらさ

禿《かむろ》が先きへ煙草盆初会《たばこぼんしょかい》なり
色里で「初会」というのは、初めて来た客のことを言います。
初会の床入《とこい》りの時には、まず、禿（遊女の雑用をする七歳～十歳の少女）が煙草盆をささげ持って客の先導をし、二階の部屋へ案内をします。そうして、客と煙草盆を残して、皆々いずこともなく消えてしまいます。

高級な遊女ほど、客を長く待たせるのを、一種の見識としたようです。その間客は、「……たばこをのんだり、はなをかんだり、寝たり起きてみたり、あくび五、六十も夜着のうちにつつんで……」（山東京伝『傾城買四十八手《けいせいかいしじゅうはって》』）長い長い時を過ごします。ようよう、ばたりばたりと上草履《うわぞうり》（遊女が履くフェルトを重ねたような厚い上履《うわばき》）の音がして、

「扨《さて》は今来おるなと、いそいできせるをはたき、夜着ひきかぶり、寝たふりをしていれば」（同前）――と客はすかさず狸寝入りをするのです。

なぜなら、まんじりともせずに起きて待っていたのを知られては、いかにも女欲しそうで格好《かっこう》が悪かったのです。

遊女が部屋に入り、ふと枕元を見ると、今はたいたたばこのふきがらが火入れの中にまだ煙っている。「狸」のことはバレてはいても「モシモシ」と声をかけます。

おきなんしなどと狸へよりかかり

――とコウなれば待った甲斐《かい》もあろうというものの、中には、寝たふりを上手にしたでかたで（てんで）来ず

——と、朝まで狸のままの客もあったようです。

通人のパスポート

煙草入れとキセルを見れば、その人が、どのくらいの通人かがわかると言います。それだから、色里に通う遊客も、ことのほか持ち物には気をつかったようです。洒落本の名作『遊子方言《ゆうしほうげん》』の中に、年上の遊び人がウブな息子に、先輩ぶってアドバイスをする場面があります。

「たばこ入は堀安《ほりやす》（袋物屋の名）で見て置いた。とんだ（とてつもなく）イヤ良い更紗《さらさ》がある。きせるは、どうしても住吉屋（上野にあった有名なキセル屋）が良いによ。とんだ良い型がある」

そして、たばこは「国分《こくぶ》」という、薩摩刻みの上等品と相場が決まっています。

宮内好太朗氏の聞き書き『吉原夜話』に、明治時代の吉原芸者の話として、次のようなものがあります。

「(客に煙草をすすめられると）まず初めに煙草入れを結構に拝見して（ホメて）、それから一服頂戴《ちょうだい》、後に自分の帯の間から煙草入れを出して、お客様のおきせるに煙草をつめお返しするのが普通です。これあればこそでしょう、殿方が煙草入れ道楽をなさるので、芸者衆の方でも煙草には相当心をくばって、上等な品を吟味して買ってお座敷に出たものです」

なぜこんなにも人々はこの小道具にこだわったのでしょう。それは、たばこが初対面の「きっかけ」となるからです。

「まァたばこでも」と差し出された道具を見て、客の趣味や格を知る。客の方でも、相手の受け答えで様子を見る。

つまり、色里では、煙草入れとキセルがパスポートの役割をした訳です。

手練手管《てれんてくだ》

遊女の使うキセルは、細身の紅羅宇の、見るからに色気のある拵《こしら》えです。これで、格子先から、例の吸付たばこで誘惑し、通りすぎる客のたもとをからめ取ったりもする訳で、いわば遊女の「手」のひとつでありました。

少し離れた煙草盆を引き寄せる、酔って悪くじゃれる客を制する、禿を追い立てる、背中をかく、そればかりではありません。思わぬ〈用事〉にも使われました。

遊女と客が深く馴《な》れ染《そ》めると、お互いの腕に「○○サマ命」「××大切」などという〈彫り物〉をすることがあります。また、性格《たち》の良くない客に限って、無理矢理彫らせたがります。

ところが、コッちは〈商売〉ですから、ソウソウ一人の男に義理張ってはいられない場合もでてきます。そうした時に、彫った文字の上から熱いキセルをあてて、焼き消してしまうのです。

ふてえあま腕に火葬が二ツ三ツ——という句は、このことを指しているのですが、「ふてえあま」となったのも、もともとは「ふてえ客」の為ゆえです。

その「ふてえ客」も、おごれるものは久しからずのたとえの通り、月夜ばかりではありません。さて、その落ち行く先は、

「……しくじってしまえば羅宇のすげかえ、良くってソバの切り売り（屋台ソバ）」

（洒落本『公大無多言』）とあります。

吉原は遊女三千人、三千本の長キセルがある訳ですから、羅宇屋も必要です。

かつての馴染《なじ》みの遊女の羅宇をすげかえる落ちぶれた若旦那もあったかもしれません。

（「週刊文春」〝マイルドセブン喫煙室〟）

『張形　江戸をんなの性』

「西欧の十八世紀後半では、女性には性欲がない、というのが常識だった。（中略）明治維新によってはいってきた西欧近代の性の文化とは、この、女性の性欲を認めないという思想だった。（中略）江戸時代までの日本では性は豊饒であり、豊かさであり、祭りであり、聖なるものであったが、これ以降、性は邪悪なものとして位置づけられ（中略）日本の女性は性にまるで興味がないかのように振る舞うことが要求された」（以下「」内本書より）。女性に性欲があるのかないのかという議論は、とてつもなくバカげたハナシに思える。

が、今なお、女性が受け身であるのが当然とする風潮は確実にあり、〈逆セクハラ〉〈逆玉の輿〉は、世間的に特異な現象としての呼称にほかならない。

本書は、江戸期に売買された性具「張形」を通して、「西欧という一地域での歴史的な一時期に過ぎない」、「世界の普遍」ではない性倫理の仮面を見直す。

「張形」とは本来「深窓の女の園に育ったもの」で、「男といふ者見る事さへ稀なれば、ましてそんな事をした事もな」（本書中『好色一代男』より引用）い女性の伽に仕えていた保養具である。「張形を選び、買い、使うのは女であり、男を選び、誘い、思いどおりにするのも、女」だった。「張形ないし張形文化の存在は、女性の性欲を積極的に肯定し、証明していることは確かであり、女性の性欲の存在を物質において保証したという点で、世界でも稀有な例であろう」

とはいえ資料となる画本のほとんどは男の手になり、実態が「女の世界の『秘め事』であった以上、その使われようは、男の側からは想像の範囲を出なかったろう」から、「『フィクションとしてのカタログ化』があることは、考慮に入れる必要がある」と指摘する。

昨今、性の奔放がメディアに氾濫して久しいが、現代の性は自虐、被虐、嗜虐に偏っている。

「性が隠さねばならない暗い欲望などではなく、生活の中に当たり前に存在していた時代、「『笑い』『おかしみ』『好奇心』の入り交じった」たのしさが性に求められていたのは、当時の春画が〈ワ印〉と呼ばれていたことからもわかる。これは〈笑い本〉の略で、一覧一読すれば思わず、苦笑失笑一笑してしまう、艶笑の素材として受け入れられていたことを示す。

性欲は「天地自然の道理」であり、張形の効用は、心をなぐさめ血気をめぐらし、娘のにきびや気鬱症を改善するが、過ぎたるは悪し、あまり熱心に行うと差し障りがあると忠告も忘れない。張形を一名「御養の物」と称するのも自慰肯定の証である。「それにしても女性のマスターベーションをこれほどあからさまに盛大に描いた文化とは、他にあったであろうか（中略）日本では張形が庶民の世界にまで進出し（中略）半ば公然と文芸、絵画の領域で表現の対象となったのだった。『張形文化』と名付けたくなるほどの社会的な認知度である」

近代以前の「日本には『恋』という言葉しかなく、それは性交をともなう」が、さらに広範囲の人生の悦びを含めて〈色〉と呼んだ。「色とは男女の交わりだけでなく、和歌や音曲も含む広い『雅』の世界で、張形もその世界の道具である」。爾来《じらい》、好事家の秘蔵文献でしかなかった資料に、女性の性の同等性を読み取った著者の視点が凜々しい。交合とは、異物ではなく、不足を補う我が身に等しい延長物を求める行為だと知れる。


（田中優子著　河出書房新社刊）　（一九九九・一二「毎日新聞」）

お江戸漫画館　3

初音

（「二つ枕」より）

二つ枕

初音（はつね）

〽サァサ ようこその 御来臨。聞くも涙の 因果噺の 始り〳〵。
ハイ、そこの 女子供衆 よっく 聞かっし。
ソモ これなる男の 親父と云うは 石地蔵に釣鐘を おッかぶせたるが 如き 堅物の本尊也。
その親父の 教えのままに 只、孝行第一と 年月を過せしに あわれ生れもつかぬ 堅物息子と なりにけり。
サテコソ 世の中に 間夫のない女郎と 堅い息子は無し。
所詮 天の理に かなわザレバ じきに 大きな病が 出るのは 至極明白。

いわんや病身になって苦をかけるは結句親不孝也。
多少遊んで叱らるる方が親の為にも良し、おのが為にも良し。
サレバここに一人の通人あり。
息子の不幸を救わんと、秘術をもって親父の目をばくらませて浮世の華を示しける。
ア、冥加なる哉チョン〳〵〳〵。

吉原江戸町一丁目内
パチパチパチ

ナント、きつかろう。

クスッ
嘘ばっかり云いなんす。
ハテ、わっちゃア この年まで ウソなぞは 見たことも 食したことも ござりませぬ。
それが ウソだ。
ウ、あいつめが にくいの。
オヤ 千鶴や まだそこへ 居たかへ。
ヨシ〳〵 モウ行って 寝や。
あい。
にゃー
すっく

フム
何にもせ だまして連れて 来たのは ずい分と俺が 悪《あく》だが
お前そんな 闇夜でちょうちん の消えた様な 面はなかろう ぜえ
男一度は 伊勢と 吉原サ。
男一度は 座敷牢が 聞いて あきれんす。
すうっ
!
ム、ヨ 出たナ 妖怪変化。
コレサ、 あやま った!
ギュ
霧山さん よウ お出なんし。

アイ、あなた御免なんしよ。
ぺたっ
ぎじゅ
いつ
いた、
ぬしゃアまだこんな処でべん〳〵として!
初音さんがいっそじれ切っておざりィすはな。
誰もじれてなんぞ…
ならばナゼ畳のへりからごみをばひっぱり出してむしりなんすね。
!知りィせんよウ
ヤヤ!これはとんだそそう。
初音さんお許しよ。

アレサ、文幸《ぶんこう》さんまで！
エ、モ何のことだえもっと話していきなんし！
くいっ
イヤ〱モウ〱。わっちの弟をばよろしう。
アイ、おやすみなんし。
――ソレかんざしが落ちるよ。
…………
ちん
ちん
ちん

ふが
あたら箱入息子を台無しにして。悪いひとだよウ。

ナニ、子曰くが勉強なら
女郎の甘言《うそ》も又勉強サ。

ぬしたちゃア、よくわっちらをば嘘つきの権化の様におっせえすけど
客ほど嘘はつかねえもんでおすよ。ホンニマア世の中に遊客程情《じょう》のねえ者はおざんせん。

コレハ心外なお言葉。

わっちの様な誠実《じつ》のある客をばつかまえて。

よし〱よく云いんした！

ドレ、ほんとかうそかは床の内で詮議しィしょう。

ヲイ。望むところサ。

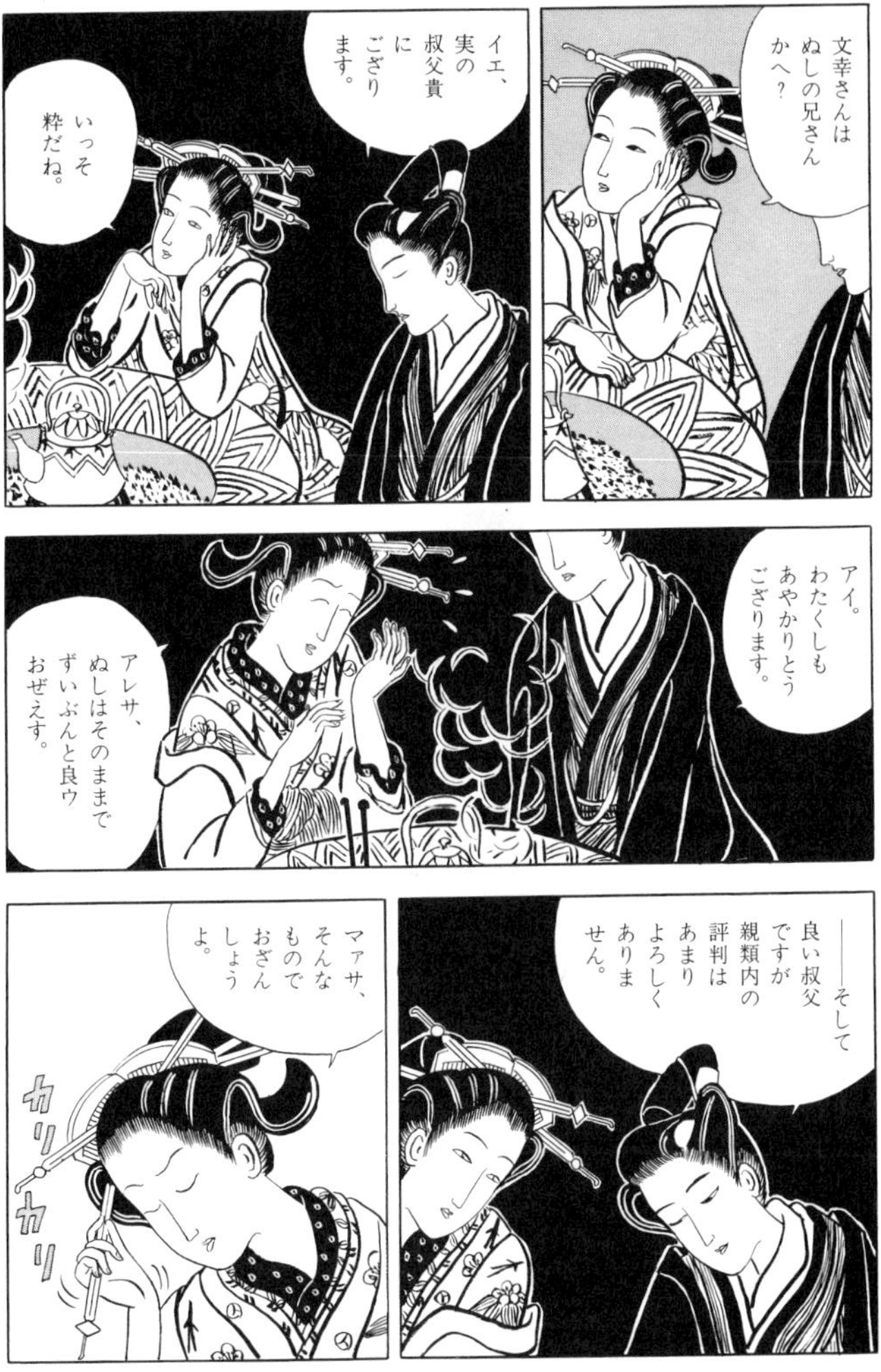
文幸さんはぬしの兄さんかへ？
イエ、実の叔父貴にございます。
いっそ粋だね。
アイ。わたくしもあやかりとうござります。
アレサ、ぬしはそのままでずいぶんと良ウおぜえす。
――そして良い叔父ですが親類内の評判はあまりよろしくありません。
マァサ、そんなものでおざんしょうよ。
カリカリ

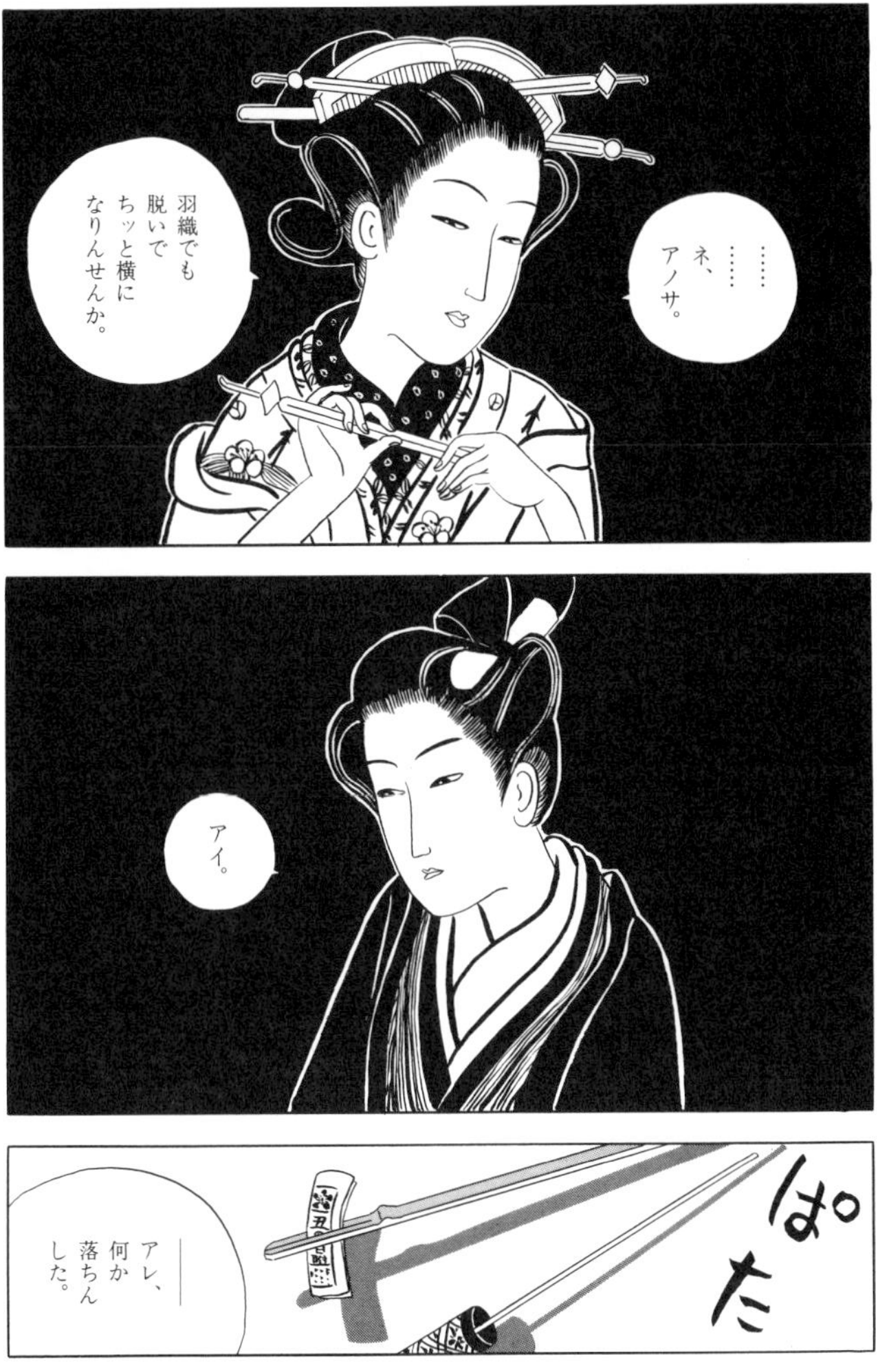
…………ネ、アノサ。
羽織でも脱いでちッと横になりんせんか。
アイ。
ぱた
アレ、何か落ちんした。

オヤ、このお札はどこのだへ?
妙義参りの。
ア、ホンニ今日は初卯だっけね。
そしてこれは何だへ。
…………
笑っていずと教えなんし!
……これはだから
コウ押して

ソラ
ぱっ
ワア

?

アびっくりした。
こっちもびっくりした。
急に手など合わすから。
それでも仏さんが御座ンなんすものを……
かんのんさんかへ。
何だか知れない。子供のなぐさみと云う処だろう。
きれいだねへ。
誰の土産やら。
アィ。わたくしのかわいいひとへ。

オヤ
ゆだんの
ならねへ!!
堅物とか云って
陰で　とんだ
お楽しみが
ござんすね！
ぬしに
かあいがられる
ひとが、いっそ
うらめしい。
エ、
にくい
えがおと
やらだ。
ア、
イタ。
女郎のきまり文句
〜しょせん
わっちらが様な者は
ぬしの歯にゃア
合いんすめへが
今宵一夜の名代だと
思って　ドうゾ
勘忍しておくんなんし

ふぅっ
さぁ おあがり なんし。
たばこ は嫌。
カン
アイ。わっちも ほんとうは たばこが 嫌いサ。

ととさん かかさんは お元気かへ。
アイ。二人 ながらに。
じじばば迄も 達者で 共に暮して おります。
しあわせな 家だね。そして 兄弟衆はへ。
姉と妹が ひとりずつ。
上の方は とうに嫁いで 下のは この春四つに なりました。

かわいい さかりで ありんしょう。

アイ。兄サマ〳〵と いっそ慕って わたくしがどこか 出かけると 帰りを楽しみに して いつ迄も 寝ずに待って おります。

…そして これが さっきの 土産の訳。

オヤ、どうしょう のウ。

まだ 起きて いなんす かへ!?

イヤ、モウ 大方乳母に あやなされて 眠りました ろう。

そう かへ。

それでも かあい そう だのウ。

――お許し なんし。

――コウ、人のことばかし云わせずとそっちの話も何か聞きたい。
ぬしの様に美しい女郎衆だものとんだ話もあるだろうね。
ナニサ、わっちなんざほんのしょしんものだから
あいにくとお聞かせ申しんす様な楽しいことはこれっぽっちもおざんせん。
それにわっちは身の上語りがきついきらいいサ。
ナラバモウ聞きますまい。

ぬしゃア腹立ちなすったかへ。
まさか。
そんなら良ェけれども…………
……オヤ、ぬしの手は
いっそたこができていなんすね。
これは鼓《つづみ》の。
ぬしは鼓を打ちなんすかへ。
──そしてそれはおもしろいかへ？

……アイ。
コウ、調緒《しらべ》を締めたり
ぎゅう
ゆるめたりすると
ぽ～
ちっと云ったり
チッ
ぽうと云ったりします。
ポウ
…………ぜひ聞きてへのウ。ちっと打って聞かせなんし。
ここに鼓があるのかへ。

イヤサ、鼓はサありんせんけれども。
それじゃあ打たれません。
デモサ、鼓は無いけれども…
………エトネだからサ
………フウ…………そらこうして

……………聞かせなんし。

四　珍奇

「お江戸珍奇」より

女のスケベー

桃の節句の夜、隅田の寮に忍んで来たのは万弥という二十歳の美少年であった。万弥は髻《もとどり》も乱れて雛壇の下に横たわり、両の手は絹糸で縛られ、油の満たされた油皿は二本の燈心を点《とも》したまま手と手との間に挟まれて高く捧げられていた。若《も》し聊《いささ》かなりとも手を傾けたなら忽《たちま》ち顔は油のために焼け爛《ただ》れて了《しま》わねばならないのである。お時はこの有様を見ながら心地よげに盃を執《と》った。万弥は身動きも出来ぬ苦しさに刻一刻と意識を失って、堅く噛みしめた口唇は微かに震え、閉じた眼からは熱い涙が流れた。ましてて油皿を捧げた両の腕は皮膚を透して見える血脈の力なさに、油は幾度となく顔へ流れ落ちはすまいかと危ぶまれた。お時は小気味よさそうに眉を動かして再び男の体《からだ》に視線を移した。

「女はスケベーだ」と言いますが、男女平等に、やっぱり、「女もスケベーだ」と言ってもらいたいと思います。

前掲の小説は、江戸時代の刊本『忍草《しのぶぐさ》』がモトとなっています。中に出て来る「お時」というのは二十七歳の年増盛《としまざか》りで、「隅田の寮」というのは彼女の住居であります。ここに、夜毎、若い美しい男を忍びこませ、その男に苦痛をあたえてスケベーすることが生きがいという、困ったヒトです。

この話のツヅキを読みたい、少なからずスケベーなあなた、この小説は邦枝完二氏作『忍草昔 噺《むかしばなし》』ですので探して読んで下さい。ただし、五十年程前のものなので、本屋さんよりは図書館のほうが良さそうです。

本題にもどります。

江戸期のおんなのスケベーの横綱は、まず、千姫でありましょう。

〽吉田通れば二階から招く、しかも鹿《か》の子《こ》の振袖で

という俗謡は有名で、いつしか千姫（天樹院）の住居、吉田御殿から男を招く千姫の姿と言われるようになりました。

が、これはマチガイです。

鹿の子の振袖は、千姫の時代から百五十年も後の天明期を待たなければなりません。なんのことはナイ。この俗謡は、東海道吉田宿で流行った飯盛女郎の客招きのスケッチなのであります。

マチガイはともあれ、千姫のスケベーは本当であったか。

二代将軍徳川秀忠の長女千姫は、豊臣秀頼の室であったが、大坂の陣で豊臣家が滅亡した後、優男《やさおとこ》本多忠刻《ただとき》の押しかけ女房となった。メンクイであった。美男薄命のたとえの通り、忠刻は若死、千姫は二十二歳で後家となった。そして彼女は新しく北の丸に建てた「吉田御殿」に住み、御殿の前を通る美男を引きずり込み、さんざ、もてあそんだ揚句、殺したという。

近代小説の中の千姫が、純粋でひたむきな恋に生きた女的扱われ方が殆《ほとん》どなのは、近代日本人が、ドートク的でインテリ的でウヌボレ的に近世をナガメやってしまう事に起因するのではないかと思うのであります。

千姫の「殺人淫楽」は、オヒレセビレのエンゼルフィッシュにせよ、「男たちの時代」である戦乱の世の女を、悲しく美しく解釈してしまうより、バカな戦争に明け暮れる男どもに対峙するだけのパワーとエネルギーが女にもあって、そのパワーが、スケベーに費《つい》やされれば、こんな事もあったろう「さもありなんとおかしくおも」ったっていいじゃないかべらぼうめ。

さて、多淫の女王といえば、かわらけお伝、あんばいよしのお伝といわれた竹本小《お》伝《でん》でありましょう。

彼女は五世坂東三津五郎の妻で間男七十人といわれています。中でも、五世瀬川菊之丞との仲は、衆人の知るところで、しかも菊之丞は三津五郎とホモであったから、がっぷり三ツ巴、ゴリッパなヘンタイです。枕絵の人気画題として、ひとつ夜具にお伝と菊之丞がカンケイしていて、菊之丞の後を三津五郎がトッているという、ゾゾーとする絵が幾通りも刷られています。

菊之丞と三津五郎はヘンタイですが、お伝は単なるスキモノです。

この文政年間のスキャンダルは、数年前「ザ・ウーマン」というタイトルで映画化され、佳那晃子さんが、お伝をガンバッテ、ヤッていました。

この事件を詳しく知りたいあなた、林美一著『かわらけお伝考』を読んで下さい。(映画の原作となった本で、林さんは、シッカリした時代考証家でありますので、内容もシッカリしています)

男によらず、女によらず、人間は、スケベーじゃないより、スケベーであったほうが、面白いと思います。

けれど、イジョーな、カゲキなスケベーは、社会の迷惑につながるので、男女とも、充分、気をつけてもらいたいものです。

（「JUNE」）

男色

少なくとも、江戸に関わっていると「男色」は「珍奇」なことと思われません。男女を問わないアナルセックスは、わりあい、行われておった訳です。「男色」は趣味（あるいは体）に合わないという人はおっても、道徳的にイケナイと考える人は珍しく、それは明治期になって、キリスト教的モラルが普及してからのオハナシです。

昔の日本人はおおらかです。男でも女でも良いものは良いと考えておりました。男色一筋の人よりも、両刀の人が圧倒的で、また、「売る側」でも、旦那様にも奥様にもご奉仕しました。でありますから「背徳的享楽」は望めません。

わが国における「男色」の開祖は弘法大師サンだそうです。古《いにしえ》のことはさておき、江戸において二世弘法を自らをもって任じたのは発明王・平賀源内センセイです。このオッサン、わしゃ好ッきやあ。彼は「日本男色振興会」ヨロシク世に男色の有意義なることを説いたのであります。男色に関する著書も数々あります。

●『江戸男色細見《さいけん》―菊の園《その》―』女郎屋ならぬ野郎屋のお店と男娼のガイドです。（平賀源内全集収載）

●『乱菊穴捜《みだれきくあなさがし》』タイトルだけでもアナオソロシヤ、伝奇男色冒険小説で、狐の化身の絶世の美少年と夢のような日々をすごす夢の話であります。未刊本で、東大図書館にただ一部のものです。

●『男色評判記―男色品定《しなさだめ》―』私は未見ですが、著者自らの広告文で内容が知れます。「此書は江戸中男娼、容貌の美悪より、気性、身だしなみ、芸能、座持、客の饗応《きようおう》等に至るまで悉《ことごと》く、上中下の品を定《さだ》めて書記し、幷《ならび》に男色女色損失論を附す。ヨカノシ〳〵」

●『根南志具佐《ねなしぐさ》』前後編。岩波古典文学大系「風来山人集」で手軽に読めます。内容はエンマ様と美貌女形・瀬川菊之丞の長編恋物語です。

エンマ様、俗界の菊之丞にめっぽうホレて、なんとか我が物にせんと次々に使者をたてるが、いかんせん菊之丞の命運が尽きていないので、どうしても地獄へひきずり込むことができない。ナラバこそとエンマ様、とうとう地獄から駆落をして、蔵前の出店に隠れ、菊之丞との逢う瀬を楽しんだという展開。

中でも水虎《かっぱ》の化身の美青年武士と菊之丞が、夕暮の隅田川の舟上で出逢うシーンは心に残ります。ゆきかう舟の目と目が合って心が通う。青年が「身は風とならばや君が夏衣（私は風となって君の夏衣の中へ入りたい）」と心情を吐露すれば、菊之丞はすかさず「しばし扇の骨を垣間見《かいまみ》（私もしばし風さそう扇の手をとめてその骨の間から貴男のお姿を見ました）」と応じる。ナント優雅。かくて舟と舟はさし寄って「結ぶ神の引合せ、雲となり龍とならんと、互のちぎり浅からず」という景へ。ああ読んでほしい。この情の細やかさ。

さて、これらの書を通《とお》して源内先生のオシエるところとは、すなわち女色は甘き蜜で、心を蕩《とろか》せしめ、家を傾け、国をも傾け、その身を滅す。これに対し男色は淡泊であり、清廉水の如く、心をうるおし、人間遁《のが》るるべくなき陰陽の災（女色の業）を減ぜしむるものである――と。

さらに「女色に淫《おぼ》るる輩《やから》は我が男色の貴きことを知らず」と作中の人物に豪語させています。

なお、日本における男色は、女色の蜜に対し「淡きこと」に価値を見いだしているのが特徴です。曰《いわ》く、「この無味の味は佳境に入らずんば知りがたし」として、極上の享楽を説いています。つまり、しごく「上品」であって、男色においてのＳＭは「非主流」とされていたようです。

源内先生は芳沢国石という少年を愛し、生涯独身で通しました。

（「JUNE」）

曲屁

さて曲屁です。曲屁とは読んで字のごとく、屁でもって曲を奏でる芸です。

これは江戸時代に限った芸ではなく、近くは戦後までもこんな芸人がいたと話に聞きますし、外国にもあるものだそうです。残念ながら私はまだ実見したことがありませんが、現在でも残っているものでしょうか、ご存じの方は、ゼヒトモご一報ください。

この曲屁、フランスの医師・ウェルノイユ氏が、いみじくも「音楽肛門」と命名しています。その症状としては「随意に放屁を発しかつこれに音律をともなわしめる」とあります。

同じくフランスの医師ボージァン氏は更にこの「音楽肛門」をことこまかに観察しています。彼の記録によれば（資料の出所は、いつもコノ手のネタでお世話になっている田中香涯先生の『医事雑考』によります）、

「大腸下部の運動が、良く、随意的に行われ、まず、空気を直腸内に吸い取り、ついでこれを吹出するにあたって種々の音響を発するもので、肛門括約筋に一種の調節力を有し、オルガン、ラッパ等種々の楽器の音を模倣する作用があり、その演技中はでん部をかれこれの方向に動かして、諸種の音を発するに適せしめ、放屁には少しも不快の臭気がなかった」

とあります。

つまり、曲屁は正確には屁ではないんですね。外気を吸い込み、それを括約筋（このカツヤクキンという響き、良いですね。なんかギュッとがんばってる感じがしてケナゲです。彼なしには、どんな人間も体面が保てません。小さいながらも偉い奴です）を自在に、引き締めたり緩めたりすることにより音階をつくるらしいのです。

これは外気を繰っているだけですから、口笛と何ら変わることはなく、素人の屁のように、キタナがることはありません。

江戸時代、代々語りつがれるほどの曲屁の名人がおりました。

霧降花咲男《きりふりはなさきおとこ》（なんと優美な名前なんでしょう！）という江戸生まれの男で、後に曲屁福平と改名しています。

彼の曲屁は、平賀源内先生の『放屁論』、恋川春町《はるまち》（江戸のベストセラー作家）の『芋太郎屁日記』をはじめ、数々の草紙類に伝えられています。

春町の「屁日記」中の誕生の場面がケッ作なので引用します。

「その時此子《このこ》、たらいの内にて天に指さし、尻に指さして、屁上屁下唯可屁糞尊《へんじょうへんがゆいがへくそん》と高らかに唱えける」

なんと、屁の名人を釈尊とダブらせているコノ過激さ。江戸人はコワイ。

曲屁の実況については、源内先生の『放屁論』に詳しく活写されております。少し長くなりますが引用してみます。

「天地に雷《らい》あり、人に屁あり。いかなれば彼男《かのおとこ》、昔より言い伝えし階子《はしご》屁（音階が序々にあがる屁）数珠《じゅず》屁（連発）は言うも更なり、（以下音曲づくしとなる）砧《きぬた》、すががき、三番叟《さんばそう》、三《み》ツ地《じ》、七草《ななくさ》、祇園《ぎおん》ばやし、（以下擬音）犬の吠声、鶏屁（コケコッコウに似た屁）、花火の響きは両国を欺《あざむ》き（ドドンという重低音）、水車の音は淀川に擬す、（以下長唄）道成寺、菊慈童、はうた（小唄）、めりやす（しんみりした音曲）、伊勢音頭、（以下浄瑠璃）一中《いっちゅう》、半中《はんちゅう》、豊後節《ぶんごぶし》、土佐、文弥《ぶんや》、半太夫、外記《げき》、河東《かとう》、大薩摩、義太夫《ぎだゆう》節の長き事も、忠臣蔵、矢口渡《やぐちのわたし》（いずれも長い演目）は望み次第、一段ずつ三味線浄瑠璃《じょうるり》に合わせ、比類《ひるい》なき名人出《いで》たり」

と、これですもん、アットーされますでしょうが。

源内先生が自ら聴いたところによると、三番叟は「トッハヒョロヒョロヒッヒッヒッ」と聴こえたそうで、鶏のトキの声は「ブッブブウーブウ」と歯切れ良く、水車に至っては「ブウブウ」放ちながらでんぐり返し（前転）をして見せ「さながら水車の水勢に迫り、汲《くん》ではうつす風情あり」と感心しています。

この妙技、誰しも、薬を用いて放つのであろうとか（事実、大坂千種屋清左衛門という本屋兼薬屋が「屁ひり薬」というのを売っていたそうだが、それを呑んだとて音階がつくれるものでもない）、何か仕掛けがあるはずだとか疑ってかかったそうですが、源内先生、マジマジと観察をして、あれは正真正銘の芸である、と太鼓判を押しています。いわく、

「二寸に足らぬ尻の穴にて自在の曲屁。しかるに此《この》屁ひり男は自身の工夫計《ばかり》にて師匠なければ口伝《くでん》もなし。下手浄瑠璃の口よりも、尻の心意気が抜群に良し。奇とやいわん妙とはいわん。誠に屁道開基の祖師也」

と、ベタホメです。

源内先生は「菊方面」の権威でもあり、その説得力には重みがあります。

世の中で、取るに足らぬつまらぬものを「屁のようだ」と申します。その最も無益な屁をもってして、このような芸にまで高め、そして身を立てるなんざ、ジッニあっ

ぱれ痛快ではありませんか。

――たかが屁とあなどるなかれ。

（「JUNE」）

刺青《ほりもの》

「滅相《めつそう》もございません、お奉行様。そもそもは、遊び人の金さんてえ野郎が……」

「おうおうおうおう、この桜吹雪を見忘れたかッ!!」

〽ジャーンジャジャジャジャンジャジャーン……!!

お白洲にぽっと咲く遠山桜は皆さんご存じのところ。

刺青といって、まずピーンと来るのが、この金さんの遠山桜と、健さんの唐獅子牡丹です。

金さんが青年期に不良の輩と交って、その身に俠客まがいの彫物をしたというのは、どうやら本当らしい。ところが、その柄は、例の総天然色、肩から腕へと拡がる超ワイドのソレではなく、二の腕にちょいと腕章のようにつけたワン・ポイントの筋彫り（墨線のみの簡素なもの）で、乱れ髪の女の生首が文《ふみ》（手紙）をくわえている図であったといいます。

まして、金さんは天保改革の際エロ本と一緒に彫物をも厳しく禁止しました。実像は、下情に通じた粋なお奉行様というよりは、風俗矯正の先鋒、謹厳怜悧な能吏であったようです。

でありますから、自らの身に彫物があるのを深く恥じ、真夏でも手首まである手甲をはずさなかったといいます。若気の過《あやま》ちを悔いる気持ちが、淫蕩《いんとう》な風俗への鉄鞭となったのかもしれません。

ともあれ、事実がコウであったにせよ、そのままやったんじゃ、テレビのお愉《たの》しみにゃなりませんので、桜吹雪は桜吹雪として、演出の妙を味わうのがよろしいかと存じます。

また、ヤーサマの彫物については、江戸の頃は、本格的な博徒《ばくと》ほど「疵《きず》のない体」を大切にして、真白い無垢の肌を誇りとしたものだそうです。下っ端になれば、意気がりで彫ったりもしましたが、大っぴらに彫っていたのは、人前で裸になる必要のある商売、つまり駕籠かきとか臥煙《がえん》（火消し人足）、鳶《とび》の者などに限られていました。

彼らというのは逆に、真白な裸は、生々しくて恥ずかしいというので、制服のような意味合いで彫っていました。全身に威勢の良い模様が彫ってあれば、ふんどし一つの姿でも仲々頼もしく、きれいに見えるものです。

名称については、彫物《ほりもの》、文身《ぶんしん》、入《い》れぼくろ、と言うのが正しく、入墨《いれずみ》とは決して言いませんでした。江戸時代に入墨と言えば、それは即、刑罰の刻印の事を言ったもので、自ら趣味で彫る物とは別だったのです。

さて、この彫物、思う程古いものではありません。『好色一代男』の元禄期には、遊女と客との愛の証しとしてする入れぼくろが盛んでした。これは男女が手を握り合って、互いの親指のあたる先にホクロを彫ったものですが、後には、相手の筆跡そのままに、二の腕へ「○○さま命」と彫るようになりました。江戸も中頃までは、文字程度のものでしたが、後期の文化文政頃になってやっと絵柄ものが現われます。がそれだとて、黒や青の渋い色調のもので、極彩色のものが出てくるのは江戸も終りの幕末期でした。

幕末には、奇抜なデザインを競い合う会なども催されたようです。

全身に花札を四十七枚散らし、ピカ一の一枚だけを、わざと足裏に隠して彫ったり、裸になっても何もなくて、ふんどしをはずすと横ヒモのあたる腹をめぐって、豆粒ほどの大名行列が彫られていたり、女性では、金太郎が乳房にむしゃぶりついていて、片手でもう一方の乳房を握っているところや、手長猿が肩先に枝からぶら下っていて、秘所の繁みへ手を伸ばしているもの、あるいは腰のところに猫が後足で立っている図で、湯あがりなどで、その人がひょいッと肩へ手拭いを下げると、丁度その猫がそれへじゃれついているように見えるもの等、様々でした。

これも幕末の話ですが、江戸小石川、伝通院門前で茶漬屋を営む辰巳屋の主《あるじ》は、全身に精巧な彫物をしており、江戸で一番と誉められていました。ある日、神田から某という若い男が、辰巳屋をたずねて言うのには「さてこそ、噂に違《たが》わぬ美事な彫物です。競《くら》ぶる気は毛頭ありませんが、私のもひとつ見ていただきたい」。男の様子が堂々としているから、さぞかし自信があるのだろうと辰巳屋はじめ皆々が身を乗り出して来ます。男はぱっぱと着物を脱ぐが、すべすべした小麦色の肌があるばかり、ふんどしに手をかけ真っ裸になっても、例の大名行列があるわけじゃなし、くりっとした尻ばかり。皆が狐につままれたようになっていると辰巳屋が「おう、これは」と驚嘆の声を発し、目を丸くする、皆が一斉に辰巳屋の視線を追うと、実に、イチモツに彫物をしていたんですな。

原文を引用すれば「そもそも男根はかく屈する時は皺多く彫るに針を施し難く、又怒る時は針を下せば其痛みに忽《たちま》ち屈す。是を以《もっ》て彫り得る事難し。」そして、もし彫っても思わぬ疾毒に患《かか》って腐り落ちてしまわぬとも限らない。体中の彫物などは、これに比べりゃ他愛ない、と結んでいます。

彫る奴も彫る奴だが、それを見せられて感心する奴も奴、良くも悪くも長閑《のどか》な時代のひとコマです。

（「JUNE」）

お江戸漫画館　４

恋

（「百日紅」より）

其の三

恋

チー
チュン
バシャ
バシャ
ガシ
ガシ
チュン
チュン
ガシ
ガシ

バシャ
バシャ
バシャ
ガシ
ガシ
ガシ
ガシ
あんまりこすって目鼻落とすなヨ
バシャ
バシャ
おっ
なんだてめえ
へえ路地でアネさんに呼ばれやして

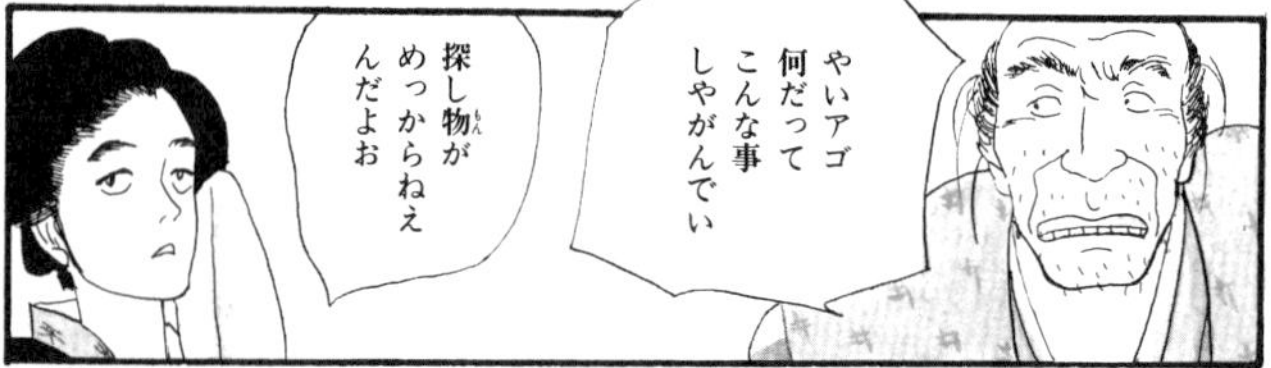
やいアゴ何だってこんな事しやがんでい
探し物《もん》がめっからねえんだよお

北斎の三女お栄

でえいち版元に顔が立たねえ外《ゲェ》聞《ばぁ》わりィみっともねえ
ブツ
ブツ
ブツ
コウ片づいちゃあ他人の家みてえで住みにくい
アネさんこれですかい？
ポ
ポ
ポ

去年＊伝蔵さんがくれたヤツだな……
白牡丹
此薬《このくすり》おしろいはきめを細かにして自然と色を白くしかくべつ器量を良くする大妙薬也《なり》
あの人も悪い洒落《しゃれ》だ
この文句に乗せられてまた阿呆《あほう》が一匹できあがる
よせよせ おめえの地黒は直せねえよ
きゅっ
きゅ

＊山東京伝（戯作者）

そおら灰まぶれのカナブンのようだ!
……
さっ
どこへ行く?
春着買って来る
いつまでも綿入れを着てられねえ
ヘッ人間並みなことを……
今日初五郎《はつごろう》が来るぜ
………
それまでは帰るよ

〽粋なうき世を
恋ゆえに
野暮にくらすも
こころがら
先生
ごぎけん
うるわしゅう
あんまり
うるわしく
もねえや
がら――ん
アゴが
俺のゴミを皆
捨てちまったあ
オレのゴミとは
おいとしい
ことです
――本日は
北溪《はっけい》さんの代人で
参じやした
ナンダ
初五郎
来れねえのか

初五郎の奴
忙しくなった
もんだの
はい
良い絵師に
なりました
カチッ
はれーっ
……ず……
ずうんと
きれいんなっ
ちゃって……
さっさと
閉めろい！
風《へえ》が入るよ
やだなあ
先生
内《うち》より外の
ほうがポカポカ
してまさあ

池田善次郎のちの溪斎英泉

ウルセェ ウルセェ
ウォウ
オウ
小泉《こせん》さん じゃない かい？
――ホラ 去年＊菊川一門の席画会《せきがかい》で……
……
ああっ あん時の 幇間《ほうかん》……
――いやさ 一中節の 都八造《とっぱち》師匠！
アウ アウ
へえ 小泉さん 枕絵を……
小泉なんて 品《ひん》じゃねえ
画号が 淫乱斎 だッサ
とんでもねえ 野郎ヨ
枕絵の画号《なのり》じゃ 先生の紫色雁高 がいっちスゲエや

＊善次郎は菊川派の門人格。

ピィーーョ
ピィーーョ
そういやあ お栄ちゃんの 美人画はスゴイ って北溪さん 驚いてました
ヘッてめえの面が まずいもんだから 神仏に願かけるみてえに 描き込むのヨ
コノヤロ ヨセ
お栄ちゃんは 五人の兄妹中で 一番父親似ですわ
バカヤロウ 男でいい顔が 女になっていい顔 たあいわねえや
それでも ご自分の娘を 名前で呼ばずに アゴだの化十《ばけじゅう》だのと 呼ぶのは感心しません
パチリ
バケジュウ って?
まずい女を ＊人三化七《にんさんばけひち》って いうだろが

＊人間三分、化物七分

……じゃア 人無《にんな》し化十《ばけじゅう》ってかい
ガラッ
あはは こりゃいい ……いや悪い あんまりだ
しーーん
……
ボリ ボリ
ゴホッ
お栄ちゃん こんちは
今、善さんの 枕絵の話をして たンだ 大そうな 評判だってねえ
ヘタ だよ
どうせなら 見てからソウ いいねえ
見たよ
下絵を机に 散らしてたろ

首は＊英山
そのまんま
画組《えぐみ》は歌麿《うたまろ》の
枕絵「寐乱髪《ねみだれがみ》」
「恋濃男娜巻《こいのおだまき》」
からの引き写し
じゃあねえか
ヘタ
クソ！
あはは
善次郎
何か言ってやれ
しゅん…
ウ
一言も
ねえ……
アゴ
よお
おめえが
そねえに
おっかねえから
初五郎は来ねえ
とヨ！
ウソだよ
来れない
のは版元《はんもと》
と相談が
あっての
ことサ
ガタッ
――湯《ゆ》に
行って来る

＊菊川英山……善次郎の４歳年長、菊川派の雄。

ヘッ えら そうに
……善次郎 あいつの 枕絵見た ろう？
さすがに うめえや
それだから おめえは 踏まれるのヨ
女は たしかに いい 時によっちゃあ 俺もかなわねえ と思うよ
が男はいつだって 俺の絵をはめ込ん でるだけじゃねえか
あの バカ……
知りも しねえくせ に描くから ボロを出す
……知りも しねえって
お栄ちゃん……
だから ソウしょげる こたあねえや
……
おいら一寸 風にあたって くらあ

まずい事ンなったなあ
チュン
チュン
チュン
――なあにアゴの奴このごろ妙ちくりんなのサ
気ちげえじみてらあ
何かあったんで?
……岡惚れしてんのヨ初五郎に
北溪さんに……成程男前も良し人柄も良し
やもめにしとくなあ惜しいやな
ヘッ身の程知らずが……色男に惚れるツラか情けねえ
牝になりやがって

お栄ちゃん
お政《まさ》さん
へえっ こんな方まで 湯に来るの
井上政女・二十八
北斎の門人
画号・葛飾北明《ほくめい》
江戸中の 湯屋に 行きたいのサ
湯のたんびに 髪洗うん だってね
あたしなんか ふだん バサバサだろ
皆に いわれるんだ
お栄ちゃんは いつも髪だけは キチッとしてるって
・・・・
ぎゅっ

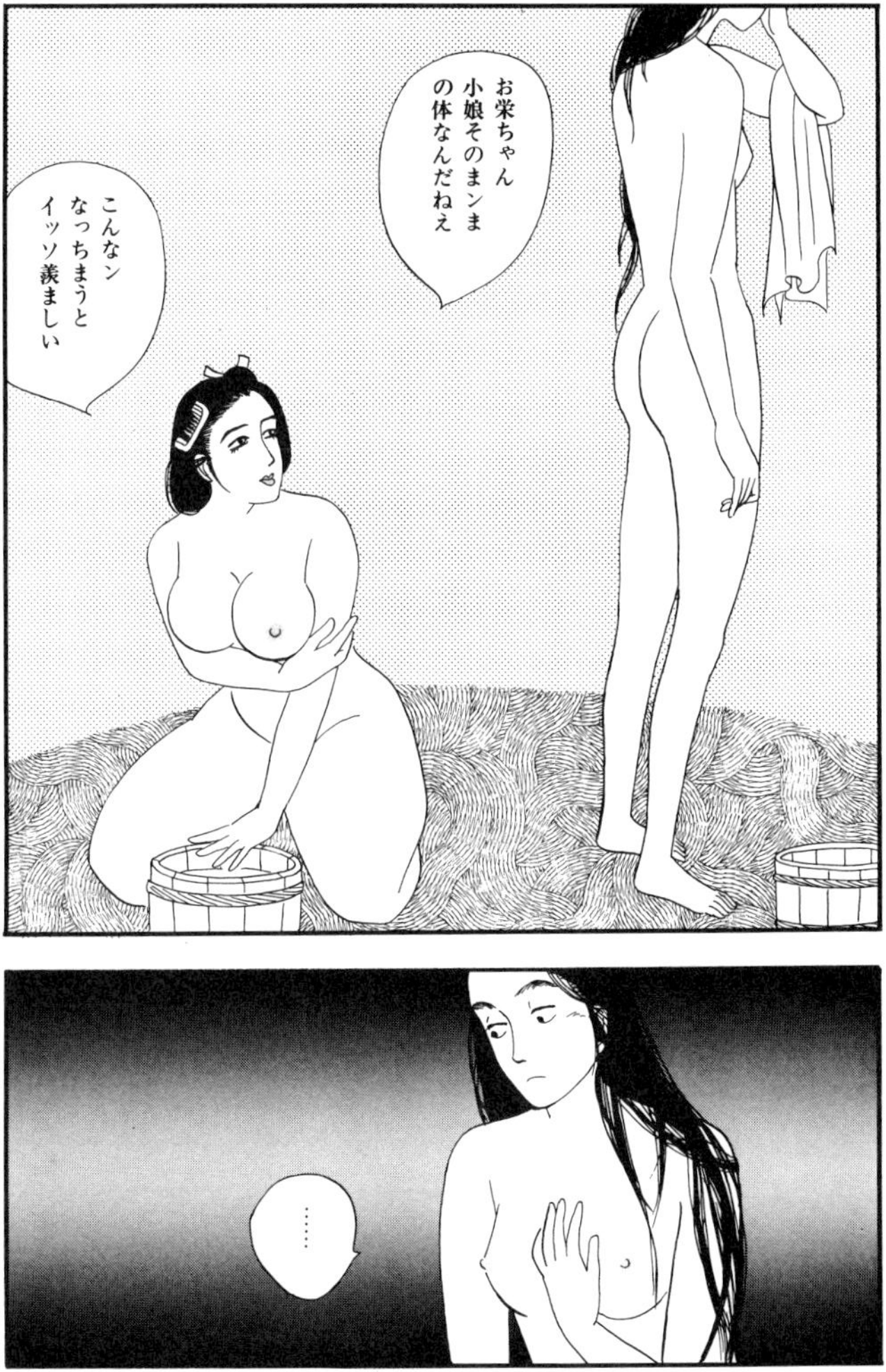
お栄ちゃん
小娘そのまンま
の体なんだねえ
こんなン
なっちまうと
イッソ羨ましい
……

髪結ばねえ
のかい？
カラッ…
朝までコウ
しとくのサ
気持ちいいんだ
風なんか吹くと
ものすごく……
モノスゴク？
うふふ
ソウ
物凄く
あら
！
初五郎
兄弟子《あにさん》じゃ
ないかえ
ソラ
菓子屋の
店先……
萬亀屋
御菓子司
サアネ

アニさんだよ
……
アニさ——ん
ヤアお政さん
岩窪初五郎・二十四
北斎門下の俊英
画号・魚屋《ととや》北渓《ほっけい》
ほおらやっぱり初さんだ
……あれお栄ちゃん
一緒かい
丁度いいこれから先生の所へ行くんだ
それが……おっかしいねえ……

サラ
サラ
サラ
サラ

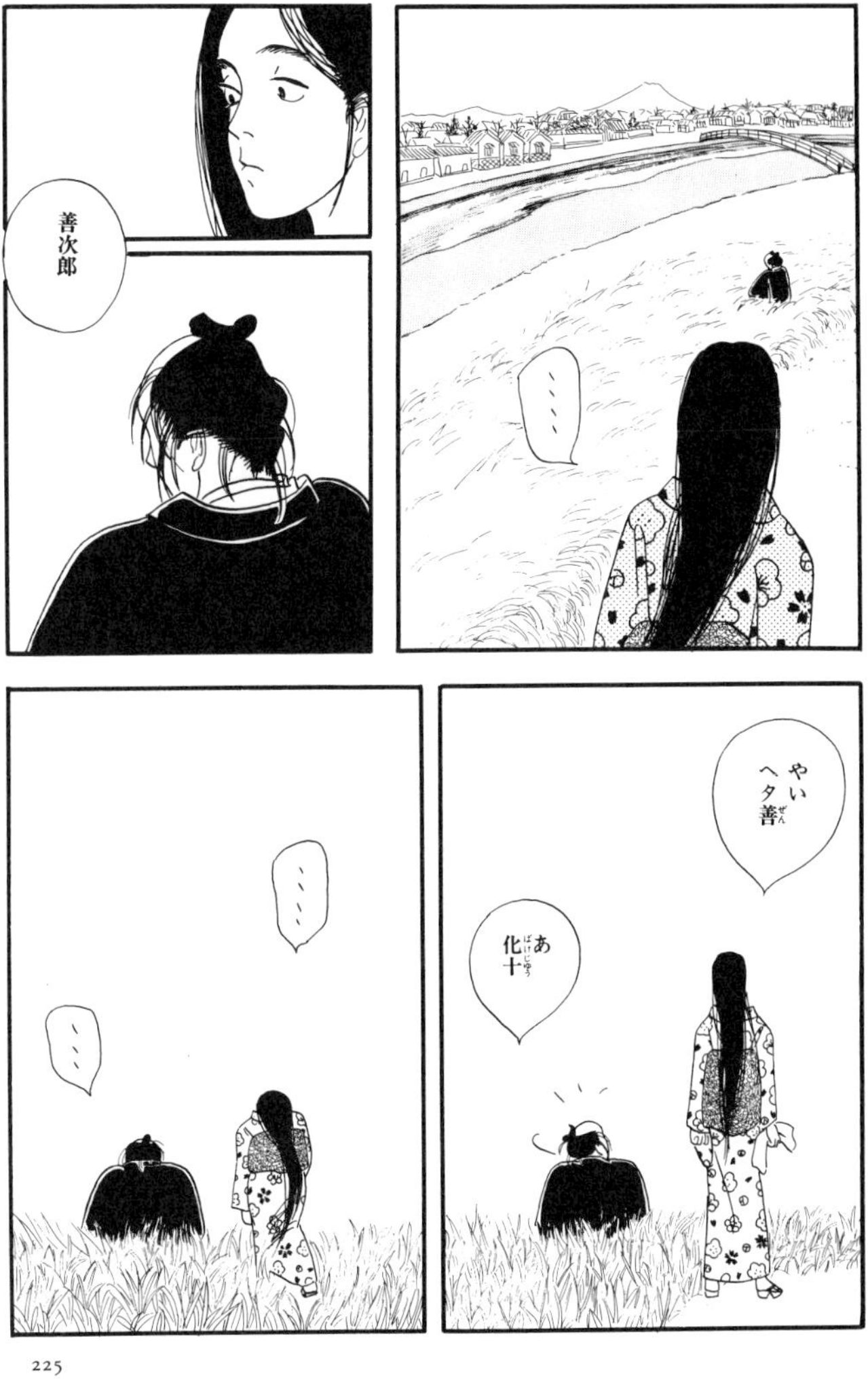
……
善次郎
やい
ヘタ善《ぜん》
あ
化十《ばけじゅう》
……
……

ピィー
ピィー
ホィーヨ
ホィーヨ

コウしてると何かいい事あるだろか

コウしてりゃやさしい女が声をかきゃしめえかと思って……
詰まらねえななんだか
詰まらねえよ
……じつは春画本をあと二冊引き受けてるんだ
やっぱり描けねえ……まねになっちまう……おいら
エイ馬鹿野郎
ざっ

阿呆《あほう》らしい

伍　浮世絵

〈創作〉北斎とお栄

文化十四年初夏。浮世絵師・葛飾北斎の三十数度目の転居先は浅草本願寺の南だった。

古くからの、いわば子飼いの弟子共が、毎度の引越を手伝ってくれるから、北斎自身は何もすることはない。ただ、皆の押す大八車のあとを手ぶらでスタスタ行くだけである。

縄をかけたままの小山のような荷物を、新居に丸ごと運び込むと、引越は完了する。荷の中のどれかが必要になった度《たび》、縄の隙からそれを取り出していく。そんな事をしている内に、ひと月程で小山は分解し、部屋は具合良く（つまり北斎の使い良いように）ちらかるのである。

北斎の引越は至って簡単だった。簡単なればこそ気儘《きまま》に越すのでもある。荷は大八車一台。それも大半は、北斎が長年描きためて来た古今東西の景色や風俗等の資料で、

他は少しばかりの画材である。

煮炊きはしないから鍋釜もない。もちろん縫箱もない。夜具布団さえない。

北斎が引越す第一の理由が「部屋がちらかり過ぎて絵を描く隙がなくなった」、つまり、掃除片付けをする位なら転居した方がマシという発想だから、ほとんど居抜きで出て来る。身一つで移れれば尚良いのだろうが、絵の道具だけはどうしても必要だ。家財道具などは何とでもなるのである。

引越して半日もすれば、北斎に義理を感じる版元《はんもと》の面々が挨拶に来る。荷の山を見て「オヤ先生、夜具はどうなさりました」と尋ねるお人好しがその中に一人は必ず居る。「ああ、置いて来た」。度々の事とはいえ、引越は引越だから何か祝わにゃならない。かくして、その言い出しっぺは、夜具を背負って再訪するのである。行灯や火鉢なども、そうやっておいおい揃う。机や棚は、弟子の内の器用な者が拵《こしら》えてくれる。

北斎には人の善意に寄りかかるつもりはもとよりなく、人々が勝手に世話を焼いてしまうのである。

新居に荷が入り、義理の連中も次々と来る。それらの顔が部屋の空間いっぱいに出揃ったのを見計らって、北斎はザルですくうようにして料理屋へ行く。名目は北斎の返礼なのだけれど、勘定の際には「おれがおれが」の功名争いがあって、結局は北斎以外のお節介が支払う事になる。ともあれ、今夜の帰りは遅いだろう。

新居は古井戸のようにガランとした。部屋のまん中には、例の小山が黒々と鎮座している。その陰で「フウ」と声がする。北斎の三女、お栄である。

北斎には二男四女がある。お栄を除く五人はそれぞれ養子や嫁に行った。お栄は、娘として父の世話をするというのではなく、古株の門人として同居していた。妙な親娘だった。お栄は北斎の事を通り名の「鉄蔵」と呼び捨てにし、父は娘の受け口の容貌から「アゴ」と呼ぶ。

お栄は引越が嫌いじゃなかった。むしろ気分が変っていいやと思っていた。けれど料理屋の一座にはまる気はしない。

北斎はこのところ絵手本ばかりを描いている。馬琴と絶交して以来、組みたいと思う作者も居ないから挿絵もとんとやらない。絵師の仕事の華である大錦絵《おおにしきえ》にも、どういうものか興味を示さない。北斎はことし五十八歳で、既に功成り名を遂げている。増え続ける弟子共は、直接筆をとって教えることの出来ない数に達している。そのテキストとして始めた絵手本だったが、いつしか北斎自身がその自在な画題に夢中になり、『北斎漫画』と題されたテキストを七冊と『画本《えほん》早引』『画本両筆』という技術指南書をたて続けに上梓した。版元はそろそろ揃い物の大錦をねだるつもりだろう。料理屋でお追従《ついしょう》笑いをしながら、ちょっちょっと仕事の話題を出して来る版元の様子が目に浮ぶようだ。

それと、もうひとつ、今日の席では話題になっているであろう事があった。「アゴも片付く事になりやして」お栄に縁談が持ち上っていたのである。

相手は南沢等明という画家らしかった。らしいというのは、聞いた事もない三流絵師だからである。それでも皆は「お目出度う」とか何とか言うだろう。そんな場に居たくなかった。

縁あって、人として、女として生れたのだから、結婚をし、子を産むのはもっともな事だとお栄は思う。だから唐突な縁談にもたじろがなかった。絵に未練がないといえば嘘になるが、人と話をしたりするより、筆を動かしていた方が楽だという位で、実際、父の代筆より外に積極的に仕事をした事もなかった。ことし二十七である。観念した。

「めんどくせえ」。ふと口をついて出た独り言が、薄暗い部屋に思いの外大きく響いたのに苦笑して、ごろりと寝そべった。路地から夕餉《ゆうげ》の煙が入って来る。まだ馴染みのない天井の木目を目でなぞりながら、今度は、口の中でごく小さく「まぁいいか」とつぶやいた。目を閉じると、瞼の上に綿のような眠気がぽうっと乗っかった。

（一九八六・六「うえの」）

善ちゃんへ

　唐突に手紙なんてブキミだと思ってるでしょ。ある人がネ「江戸の男に恋文を書いてごらん」てゆうんだ。でウッカリ引き受けちゃったんだけど、私、筆不精《ふでぶしよう》の権化だったんだよね。で、ホラ、駄目なんだ。手紙になってないでしょ。けど、マス目埋めなきゃ仕事しくじっちゃうし、切実なんだよね。だからゴメン、ちょっとの間、酒落だと思ってつき合ってよね。

　善ちゃんしか出すアテがなくってサ。そりゃ、岡惚れしてる男はアレコレいるよ。でも、源内先生は女キライだし、伝蔵さん（山東京伝）は笑って受け取ってくれるだろうけど、結局「笑って受け取る」だけなんだよね。北斎さんなんかチーンて鼻かんじゃいそうだし……コウ書いてくと、仕方なくて善ちゃんにしたみたいだけど、そうじゃないんだ。こんなもな、酒落で読んでもらわなくっちゃ、救いがないけど、全部が酒落じゃないんだ。そこのとこ、カンジンなんだ。

文化十一年
二十三才当時の
想像上の
善次郎
善ちゃんは
1.目がちっこい
2.中肉中背
3.にんまりと笑う
……と思う
この頃は
ビンボだったので
着物や髪などは
たぶんヨレヨレ…と思う

こっち側（私の住んでる時空間）では、いろんな人が善ちゃんのこと書いてるよ。お芝居にもなったし。それが、みんな、スゴイんだよね。デカダンスの申し子のようだよ。善ちゃんの描く女の人が、ほとんど娼婦だし、あの妖艶なまなざしが善ちゃんの胸の暗闇を支配しているようなイメージがあるんだろうね。だから、善ちゃんの美人画は「退廃美」を通り越して「腐乱美」だとさえ言われてるよ。

多分、今、笑ってるでしょ。

こっちでは、善ちゃんが、女の内臓の裏側までも知り尽している好色大明神のように思われてるけど、善ちゃんは常識のある、そして、誠実さなんかもある男だって、私は思ってる。善ちゃんの描く女を見て「これは女の本質を容赦なくあばいている」なんて、すッとんきょうな声をあげるのは、きまって男だもの、おかしいよね。

善ちゃんは、エッチな絵もたくさん描いて、自分でも「オレは春画描きだ」なんてゆってるけど、善ちゃんのエッチな絵は、スゴク真面目に見えるよ。タシカに善ちゃん自身はスケベだ。でも、それは、ヘンタイ趣味じゃなく、肯定的な好奇心に満ち満ちているね。露悪的な態度《ポーズ》は、善ちゃんのクセだけど、これ、江戸ッ子の習性なんだよね。

子供向けに描いた数々のおもちゃ絵、木曾街道に息づく、人々のつつましい暮らし、そんなところに走る善ちゃんの筆先から、善ちゃんの気持ちが伝わって来る。とってもいいよ。いい感じだよ。

私もさ、善ちゃんのこと描いたりして、他の人から英泉《えいせん》はあんなじゃないなんて、言われちゃってるんだけど、ああいう不器用なやり方しかできなくってさ。それを言われるとつらいんだ。善ちゃんをつかまえることのできる大きくて強い腕が欲しいよ。つま先立って手を延ばしてるのに、指先さえも触れないんだもの、じれったいよ。もしも、いつか、善ちゃんの肩に、私の手が届いたら、その時は、ちょっぴり笑ってほしいな。

じゃ、またね。

（一九八五・一〇「日本橋」）

私はスケベなんだろうかという話

「春画本なんて見たりするんでしょ」

「はあ、見ますよ」

と即答すると「おっ」という感じで「『歌まくら』（歌麿の傑作春画）の五体満足があるから見せてあげます」とおっしゃってくれる。私なんか、芳賀書店で出してる銀色修正のしか持ってないし、それも版が悪いのか、着物の柄や文字が不鮮明なので、ちゃんとしたのを見たい。で、見せてもらう。と、これがナントモ異様な雰囲気なんですね。

その人は市井の文筆家で、友人の好事家がいて、二人で春画の芸術性について語っておられる。その脇で「勝手に見ていいですよ」とうながされて、私が勝手に見る。と、ちらッちらッとお二方《ふたかた》が私の表情を観察するんです。

コッちは徹頭徹尾、鉄面皮《てつめんぴ》で、一枚一枚、くまなく拝見して「ありがとうございました。大変参考になりました」と袋にもどし、茶菓に出された小川軒のレーズンウィッチを、ぬるくなった緑茶でぱくついてると、お二方、顔を見合せて、ちょっと気抜けしてるんですね。

女ともだちにこの話をすると「ばかかお前はぁ」と背中をいっぱつくらわせられます。「だいたいなぁ、独身女性が、そういうものをだなぁ、平然とだなぁ、ヘンターイ」

こういうこともありました。

北斎周辺の話を「漫画サンデー」で不定期連載させていただいておるのですが、そのトビラ絵に北斎や英泉《えいせん》（設定では、若い時分に北斎宅の居候ということになっている）の春画を描いたりします。それは、トビラを含めて四頁二色をいただいてるので、なるたけ、キレイな絵をと思って、まぁ、選ぶんですが、「芸術新潮」のトマベチさんに「あれは編集サイドから描けと言われるんですか」と聞かれ「いやぁ、私が描きたくて」と答え、アゼンとされてしまったのです。

また、こういうこともあります。

「小説新潮」で、阿奈井文彦さんが女性訪問記というのを、先頃まで連載なさっていて、それに取りあげていただいた事があります。その時、担当編集者マツイエ氏が

「杉浦さんの作品は、どことなくエロティックですねえ。インビな世界ですねぇ」とぽつり言った事がドッと受けて「インビはいい。ピッタリだ」とヤンヤヤンヤで、タイトルに「インビなマンガ家杉浦日向子」と出るんじゃないかと、マジに思ったほどです。

そして、こういうこともあるんです。

「やっぱり、夜中に、ふとんの中で、春画を見たりするんですか」

と学生さんに、笑いもせずに聞かれました。夜中に、仕事場の机上で見ることはあります。けれど、夜中に『国書総目録』を見ることも、夜中に『徳川実紀《じつき》』を見ることも、同じようにあるんです。

浮世絵師や戯作者《げさくしゃ》を調べるには、伝記や評伝と共に、その作品をできうる限り多く見ることが基本です。だから、北斎なら、「富嶽三十六景」も『万福和合神《まんぷくわごうじん》』(春画本)も平等に見ます。それだけのことです。

このところ、春画に関する小文を、ちょいちょい書いてます。「ロコツなことを」と友人にまた、ひっぱたかれます。

私は、スケベに書こうというつもりはありません。スケベ専門になるつもりもありません。で、ソレ関係の注文が来ると、アマノジャクで、お断りしてしまうんです。

何も言われないと、たまにはまぜとこうというんで、自発的に描きます。要するに、自分の中で、バランスがとりたいんですね。

私は別に、春画とか艶本とか、特別視はしていません。それらは、ほんとうに、しょーもない、つまんないものが、いっぱいあります。けれど、まぁ、そういうものも、あったって、いいじゃない、ぐらいにしか思いません。何より、当代一流といわれる、歌麿や北斎、そして、京伝や馬琴までも、そういうものを描いているという事実、そういう時代が、おもしろく思うのです。

勲章もらうようなエライ作家や画家が、そういうの描いたら、良いな、と思ってます。

（一九八四・一二「ザ・テレビジョン」）

『春画　片手で読む江戸の絵』

著者（タイモン・スクリーチ）は、たて続けに『江戸の身体を開く』、『大江戸視覚革命』など、「江戸図像解剖学」ともいうべき、斬新な筆致で江戸を饗している。当時の図像に描かれた、真実と嘘を、剖検の手法で解析する。

さっくり表層をはぎとり深層に迫らんとする試みは、「きわめて日本的な」とされる「江戸情緒」とは対極にある。そこには、江戸を一塊の興味深い素材として、躊躇なく俎上にのせた（異国の文化だから当前《あたりまえ》だが）客観の視点による、新鮮な好奇心が横溢している。

もっとも、「江戸情緒」とは、西欧文化が世を席巻した大正時代に、その反動で求められた懐古趣味にすぎない。極私的な解釈に耽溺した、歪んだアナクロニズムともいえ、以後現在にいたるまで、江戸は「江戸情緒」という呪縛から逃れられずにいる。きょうびの日本人にとって、江戸は、ニューヨーク、ロンドン、パリより遠い。すなわち日常の興味の対象外にある。エキゾチックというより、珍奇な過去として、陳腐な時代物（威猛高な武士と権力に抗う庶民の姿）がつくられ続けている。

二百五十年間に及ぶ、史上稀なる泰平を享受した江戸は、果てしない退屈な歳月の中で熟成発酵し、独自の香気を醸しだしていた。香気と臭気が紙一重のように、江戸は「きわどい」バランスの上にあり、その核心に、容易に触れることはできない。タイモン・スクリーチによる江戸学は、紅毛碧眼の執刀による、江戸文化のタアヘル・アナトミア、『解体新書』である。腑分けに立ち合うぞくぞくする興奮を、読むものに与える。

今回の剖検は「春画」。嗅覚の鋭さに感服せざるを得ない。著者は一九六一年生まれ。オックスフォード大、ハーヴァード大を経て、現在はロンドン大学アジア・アフリカ研究学院の助教授。

近年ようやく、塗り潰しやぼかしのない江戸春画の刊行が解禁になった。堰《せき》を切ったごとく巷に画集があふれたが、それらを読み解く下地は、まったくといっていいほど、ととのってない。単に「珍しい見世物」として陽の下にさらされただけに映る。

春画が、美術的価値ある絵画として容認されたと喜ぶむきもあるが、著者は、春画は、あくまでリビドーの喚起を目的とし、審美は二の次三の次と看破する。いくら名作だろうと、「公の場」美術館で展示されるたぐいのものではなく、隠微に囲われてこそ機能する「私物」だとする。

そればかりか「普通の」浮世絵と、春画の境界が、限りなく曖昧で、普通か否かの線引きは不可能と考える。従来、美術史家は浮世絵を芸術作品としてとらえ、歴史家は風俗画としてとらえてきた。が、当時、芸術という概念はなく、当世を写したといわれる浮世絵にはことのほか嘘が多い。それは浮世絵がもとより、庶民の願望を投影した「商品」だったからなのだ。画面に仕掛けられた記号に導かれ、愉悦に達する巧妙な装置でもあり、性交を描かずとも充分に用をなす「普通の」浮世絵は、より庶民に近しいアイテムだった。

江戸で、手玉に取ることを「あやなす」という、江戸にあやなされ、ますます深みへ落ちていく。この快感には抗す術もない。皆様、江戸にはご用心。

（タイモン・スクリーチ著　高山宏訳　講談社刊）　（一九九八・四「毎日新聞」）

写楽　二百年の呪縛

「写楽、その名の響きは舞い上がる鷲の羽ばたきのようだ」。八十年前、ミュンヘンで、ユリウス・クルトは、陶然と、そう書き記した。クルトの感慨は、写楽に取り憑かれた者の、狂おしい祈りを、そっくり、映して余りある。

写楽。振り向けば、大いなる翼は風を捕らえ、遥か天空に弧を描いている。写楽よ、我が庭に降り来よ。写楽は、何故こんなにも、人の心を衝き動かすのだろう。

「写楽が好きですか？」と問われれば、反射的に「いえ、別に」と答えるようになって久しい。本当は、気になって仕様がないのだ。けれど、写楽の虜《とりこ》となってしまうのが怖くて、首を大袈裟に振って否定する。写楽にくっつかないように、引き寄せられないように、身構えて、足を踏ん張る。

写楽にはまるのが、怖い。何故、彼だけが、ソウなんだろう。

謎の絵師・写楽。しかし、写楽のみならず、浮世絵師の殆どが、本来、謎の絵師なのである。素性の分かった人などごく希《まれ》で、生没年、本名、出身、経歴はもとより、言ってみれば性別すら、定かでない。

　現代の「美人画」、化粧品会社のCFやポスターの、モデル名や商品名が、人々の脳裏に刻まれる事があっても、その、撮影者については、おおむね無関心なように、浮世絵師も又、裏方の職業だった。一図に付き、数千枚の単位で刷られる、夥《おびただ》しいそれらの錦絵は、一個の芸術家の創作物にはあらず、まごうかたなく、その時代の民衆の欲望を、巧みに映し取った鏡である。錦絵が作られる過程には、実に多くの人間がかかわる。ちょうど、広告代理店が広告を製作する現場に似ている。絵師の雅号という匿名は、その、プロジェクトチームの総称でもあった。だからこそ、絵師本人を指し示す筈の雅号からは、覆面から目ばかり覗く、絵師の姿しか見えないのが常である。

　写楽もまた、その、一人、否、その、ひとつの、チームでしかない。

　人々は、写楽の映し出した「時代」に、魅せられてしまうのだろうか。

　写楽の時代。それは、光と陰の交錯する、明暗の色濃い時代だった。田沼経済の好景気が終焉し、いわば、バブルがはじけた状態だった。栄華盛衰。混迷と不信のさなかで、民衆の欲望は、どこへおもむくのか。

　写楽の、黒雲母摺りから浮かび上がる、数々の異形の人物画からは、混沌の闇から生まれ出ずる、大胆な力強さが感じられる。そこに、絶望はない。むしろ、周囲の暗さによって、一筋の光明が際立つ如き、清涼さをさえ湛えているようだ。
写楽探しは、そのまま、今を模索する、自分自身との出会いの旅なのかもしれない。そう、思うと、半ば意固地になっていた写楽への拒絶感は、みるみる氷解して行く。そして、クルトとは別の意味で、「しかし私は今、互いに話ができるほどの距離で、かれを見つめ」られるような気が、してくるのである。

（初出不詳）

安治　生まれる前の記憶

浮世絵との出会いは、資料採取だった。もっと江戸の事が知りたい一心で、画集に対した。作品としての価値がどうのとか、作者の個性がどう発揮されているかなどには、てんで無関心で、ただ、そこに描かれている、町並みのたたずまい、小道具としての着衣の流行を追って、貪《むさぼ》る如く画面に目を走らせた。

自分にとっては、北斎も広重も、一様に、旅行代理店の店先に並ぶ、パンフレットに等しかった。色彩々の、それらの美しい景色は、歓喜と叙情にあふれてエトランゼを誘い、まだ見ぬ地への憧れは、喉元までせりあがり、胸もはりさけよと膨んだ。

そして、歌麿の大首絵の美女は、化粧品のポスターさながら、思わせぶりな眼差しで艶然と微笑み、清長の十頭身の若い男女は、あたかもトレンディ・ドラマから抜け出したかのように、眩しくきらめいて、大股に街を闊歩した。

浮世絵は、身も心も、とろけそうな程、エキゾチックに蠱惑《こわく》的に、見る者を魅了してやまない。そこに描かれているのは、伝説の異郷、地図にない隠れ里だった。江戸への思いは、銀幕の幻燈を恋ふるに似て、無責任に楽しく、無関係がせつなかった。

それが、浮世絵の最終ランナー、清親の描く、東京名所絵に出会うに及んで、肩の力が抜けてしまった。握っていた拳をほどき、見開いていた目を普段の眼にし、小さな溜め息をひとつ、ついた。

なんだか、近所の八百屋で、素顔の女優や、引退したスポーツ選手が、葱《ねぎ》やじゃがいもを品定めしているのに会ってしまったような、そんな、風景だった。溜め息は、落胆よりは、ほっと救われた溜め息なのかもしれない。

清親の風景画は、北斎や広重とは、全く異なっていた。それが、同じ街を描いたものだとは、信じ難かった。北斎や広重は、大胆なアングルで、自在に風景を切り取って行く。それは、気鋭の映像作家がＣＦで見せる、カットの冴えを思わせる。時に空撮で、時にハイテクのグラフィック処理を駆使して、瞬時に万人の目を釘付けに、心を鷲掴みにする。

清親は、立っている人の目線で、いわば、ホーム・ビデオのように、ほのぼのと、しみじみと、我が街を映している。だから「なあんだ、これ、東京だ。この街なんだ」と、当たり前の、しかし、浮世絵では得られなかった「実感」が、清親の絵にはあった。江戸は異郷ではない、この地、この場所にかつてあった、暮らしだったのだ、と気付かせてくれた。

清親は、スピルバーグやルーカスではないけれど、それでも、ホーム・ビデオの巨匠であるから、作品には、じいんと胸に迫り来る感動のドラマが盛り込まれている。オール町内ロケで、エキストラは町の住人でも、主役は演技派のプロが渋くキメる。極めてリアルであるけれど、それは完結したドラマの世界、だった。

この清親に、安治と言う弟子がいる。彼は、百数十枚の東京の風景を描いた。その多くが、師の下絵を基とする為、清親のダミーと称される。が、構図は同じでも、その絵は清親とは、はっきり違う。ドラマが、ないのだ。ノンフィクション、ドキュメンタリーと言うよりは、そこにある風景、見たままの純粋風景。キャメラもレンズも存在しない、裸眼の風景を、安治は坦々と描いた。安治は百年前の、私達の目玉なのである。

例えば、安治の代表作のひとつ「富士見渡シ之景」。或る日の大川端のスナップである。スベテ世ハ事モ無シ。何て事ない、平凡な、とある一日の、住み慣れた街角の風景。そして、それこそは、焦がれ遭いたかった、懐かしい「ふるさと」との邂逅《かいこう》だった。
安治によって、江戸と、自分の住むこの街は、完璧につながった。平凡な日々は途切れる事なく、この地に積み重なって、今日がある。江戸を手繰《たぐ》り寄せるのは、訳ない。安治の目を通して、「或る日の景色」を眺めていると、そんな自信が、身の奥からふつふつと沸いて来るのを感じる。

（初出不詳）

ヒグラシの翅《はね》のような

陽光をたたえた大川の水面に、帆かけ船と乗り合い船。手前には、渡し守の小屋とポプラの木。対岸の家並みは雨ざらしのきしゃごのように白灰色にひしめいて、そのいらかの群れから、富士のシルエットが街と空の間に浮かぶ。なんとしずかな東京。これは明治十四年、安治十七歳の作〔「富士見渡シ之景」〕。かれは早熟の、そして、夭折の風景画家だった。

井上安治、元治元年生まれ。家は浅草並木町六番地、裏には寄席の並木亭があった。父母のほか姉と弟の五人家族。父親は、大風呂敷に入れた反物をしょって売り歩く「背負い呉服」だったが、安治十二歳のとき死んだ。長男であるかれは家業をつがず、末期浮世絵の大御所・月岡芳年の門下となる。が、エキセントリックな芳年の画風にあわず、木版にしてきわめて斬新な叙情画を草創した小林清親に師事する。出会いは明治十一年の雪の日という。清親三十一歳、安治十四歳。

安治のデビューは十六歳。それから亡くなるまでの九年間が、かれの作画期となる。作品数二百余点。明治二十二年九月十四日、心不全のため没す。享年二十五歳。許婚者との約を果たせぬ死となった。

安治の短い生涯の記録は、とてもすくない。師の清親がスケッチした愛弟子の横顔は、「青白い、髪の毛を房々と初年風に分けたのが良く似合う美しい若者（清親の娘・哥津女の随筆より）」というが、そのデッサン帳もすでにうしなわれており、いまや安治の面影を伝えるものはなにひとつのこってない。

この絵が描かれた明治十四年に、大きな政変があった。福沢諭吉と大隈重信が手を組み、財界の岩崎弥太郎のバックアップを得て政界のっとりを企てるというデマが飛び、政府は急進的な思想統制にやっきとなり、世に西欧かぶれをうとんじる風潮が蔓延した。穏健な清親は、この年、みずから切り拓いた「光線画」と呼ばれる、さながらヨーロッパ印象派を思わせる表現を捨て、守旧派の浮世絵の技法にたちかえっている。

安治は二十歳で、画号を本名の「安治」から「探景」にあらためるまでの四年間、光線画の残照をひきずり、淡々とかわりゆく東京を描いた。探景となったかれは、師のあとをおい末流浮世絵師のひとりとなる。かれは師風をよく継承し、清親のダミーとまでいわれるが、両者の資質の差は、あきらかに画面にあらわれている。

清親は文学的ロマンチシズムを盛り込み、一篇のストーリーを凝縮したドラマティックな構成の妙味を魅せたが、安治はポラロイドでスナップ写真を撮るごとく、目の前の空気をすくい、紙の上にそのまんま定着させた。わたしたちは、安治の目玉を通して、百年前の東京を、まるでそこにある窓外の景色として、体験できる。

安治の描くヒグラシの翅のような東京から、この街の幻想と狂気が透けて見える。

（一九九五・八「東京人」）

お江戸漫画館　5（影・5/12）（「YASUJI東京」より）

〈影・5/12〉

淺草廣小路

これが安治十七歳の東京。
これが春休みのバイトの訳?
冨士見渡シ之景
明治　年　月　日御届
なんてあっけない絵。
あっけない…………?

三代広重は
明治の東京に
新時代の
歓喜を見た。

清親は
変りゆく
東京に
万感の想いを
こめた。

安治は……
すっぽり抜け落ちている。
ごらん。
画者が見えない。

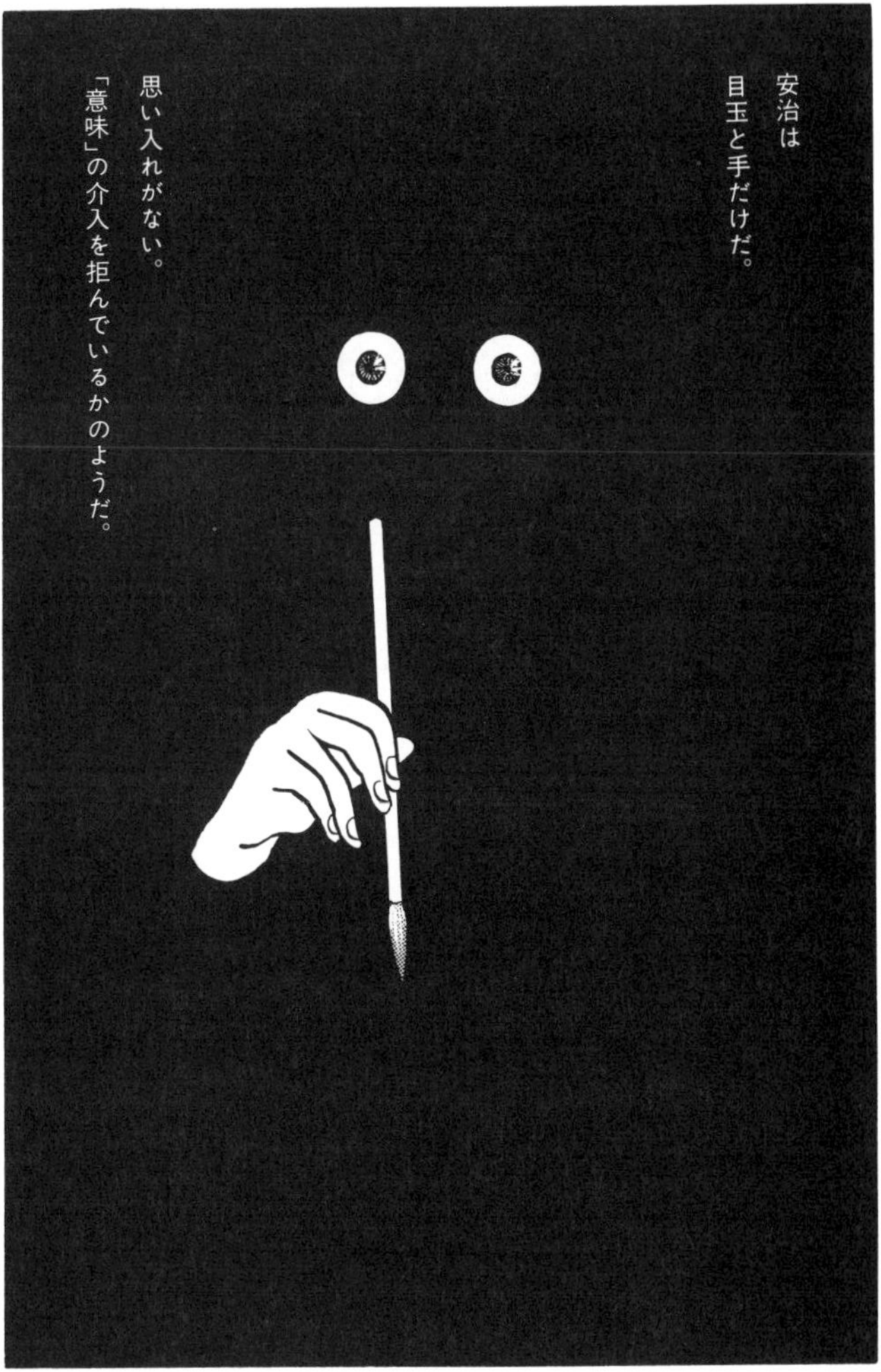
安治は
目玉と手だけだ。
思い入れがない。
「意味」の介入を拒んでいるかのようだ。

それじゃあ
これは
〈自動書記《オートグラフ》〉?
安治自身は
カラッポなのか?
ふゆぁーっ
画者が
見えない
……。

なんだか肩すかしだなぁ。
ん——？
夭折の天才だったらもっと酔わせて欲しいな。一葉や透谷みたいに。
でも私、白面《しらふ》でいたいよ。
純粋風景というよりはただの風景。
「絵」っていう感じがまるでしないね。

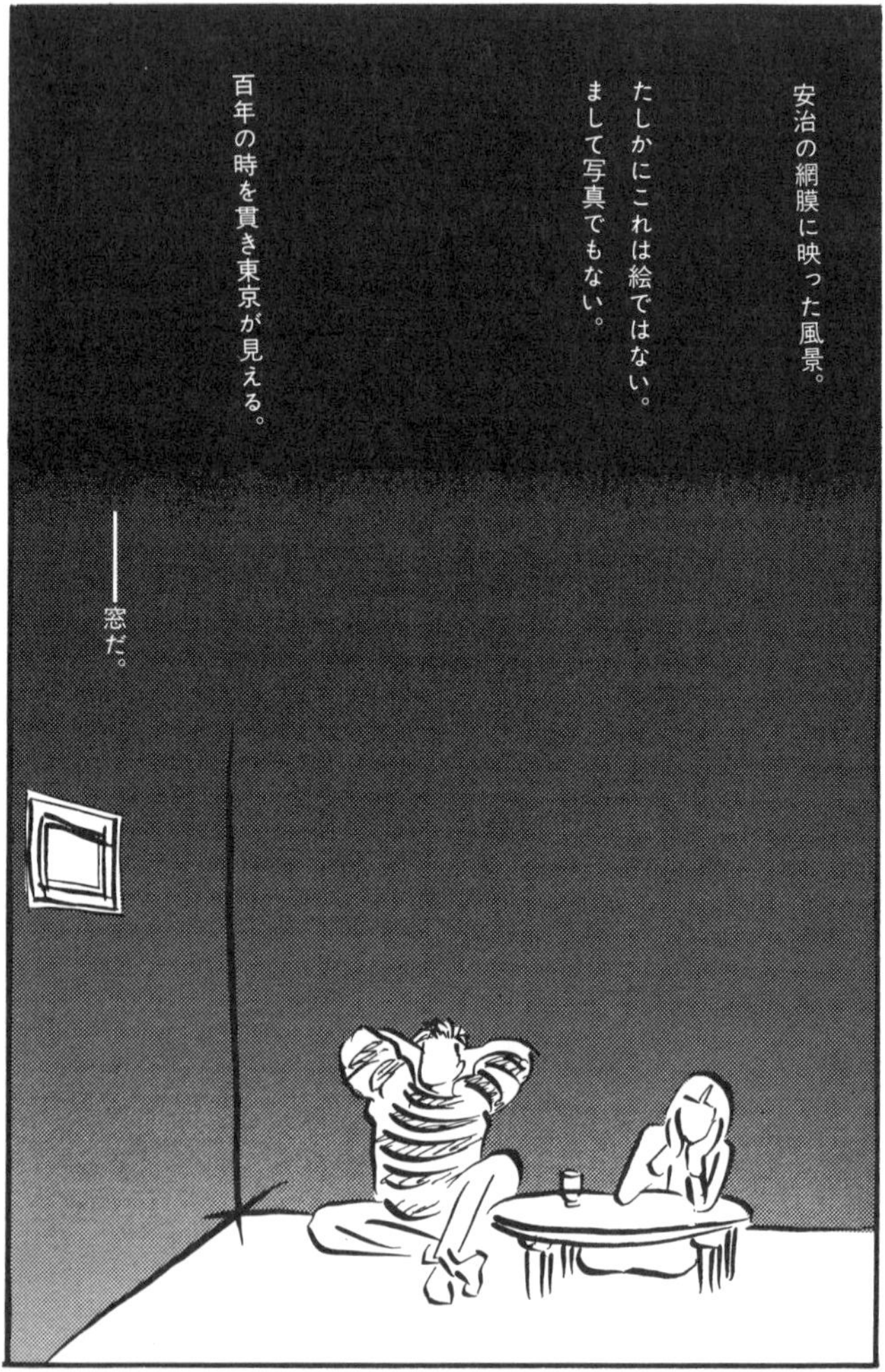
安治の網膜に映った風景。
たしかにこれは絵ではない。
まして写真でもない。
百年の時を貫き東京が見える。
——窓だ。

六　蕎麦

江戸の麺事情

安永五年（一七七六）、江戸市中で一冊の黄表紙が発表されました。当時は大量印刷するような技術はありませんから、本は貴重品です。そのため貸本屋があって、当時の人は図書館で借りるようにして本を読んだのです。

その黄表紙の作者は恋川春町《こいかわはるまち》。すでに何作もヒットを飛ばしていた当時の流行作家です。ちなみに黄表紙とはいわゆる大衆文学で、時の庶民生活が題材になりました。芭蕉や西鶴のような評価は受けませんが、黄表紙は時の世を映す鏡であり、これが今に残っているから江戸の事情がわかるともいえます。

歌舞伎や浄瑠璃に取材したものから、子供も読める『桃太郎』など、いろいろな種類の本が出版されました。そのなかで恋川春町が描いたのは、空想と人を茶化すような洒落が盛り込まれた滑稽の世界です。画才にも優れ、ナンセンス漫画のように読みやすい。しかもその発想は荒唐無稽ではなく、時世をとらえて野暮を嘲笑するので、恋川の作品が今時の流行の先端だと信奉する人が多かったのでした。

さて、その恋川の安永五年の作品というのは『うどんそば　化物《ばけもの》大江山《おおえやま》』といいます。

舞台は京都。洛中に夜な夜な出没して人々からお金を巻き上げる化物を、腕自慢の武士が退治していくという筋立ては、京都北部の大江山に住む酒呑童子《しゅてんどうじ》を退治した源頼光の伝説をもとにしています。それを恋川は、化物の名を「うどん童子」へ、源頼光を「源そばこ」に改名して話をつづっていきました。

源そばこは、「うすいの大こん」「うらべのかつをぶし」「坂田のとうがらし」「渡辺ちんぴ」という四人を従えて大江山に向かいます。そして、途中でひとりの老人からうどん童子にもっとも効果的な武器を授かります。それが「浅草の市で買いたる菓子の麺棒」。これを持って源そばこたちは、うどん童子の寝込みを襲って一気に退治しました。

そして、恋川は最後にこう結びます。

〈されバそば切りハ、心のままにうどんをしたがへ、一天に名をひろめける。さるニよつて江戸八百八町ニも、そばやとよぶ其数あげかぞへがたれども、うどんやと呼ぶハ萬が一なり〉

こんな物語を当時の江戸っ子たちは歓迎したのです。それは「やっぱり江戸っ子はそばだぜ」という風潮が広がっていったことを物語っています。たしかに、それまでうどん屋がそばを出していたのが、看板のそば屋に改めて、ついでにうどんも出すというふうに変わってきたのも安永の頃でした。この時代は世が落ち着き始め、生活のさまざまな部分に江戸らしさが出始めてきた時期です。それはやがて文化文政の時代に爛熟期を迎えました。

味覚に県民性や国民性があるということは否定しませんが、うどんとそばに関しては、味の好みというよりも暮らし方の違いが大きかったようです。信州などそばどころに近かったことも、江戸でうどんよりそばが受け入れられた理由のひとつでしょう。しかし、それは一面的な見方で、江戸っ子がそばを選んだ理由はほかにもあります。それは大坂とは違った人々の生活、つまり、そば食を選ばざるを得なかった江戸ならではの生業《なりわい》のあり方です。

当時、一日三食の生活をしていたのは武士と商人だけでした。武士には仕える先があり、商人には大切なお客さんがいましたので、仕事を放り出すことができません。そこで当然、食事の時間が決められてくるわけです。かたや職人となると、多くが自営業で早く仕事を仕上げる腕さえあれば、途中でいくらさぼっても挽回がききます。そうした職人たちの食生活は、食べたい時に食べるというもので、江戸の食文化は、そんなマイペースな暮らしをする人たちが作ってきたのです。

朝飯前、朝飯、朝飯後と、職人の食生活は間食文化です。主食なんてなかったといってもいいくらい。そんな職人たちが男性人口の八割も占めていたので、お腹に溜まらないそばが流行《はや》っていきました。その反対に大坂は商人の町。商人はお客がいるうちは、食べる暇《いとま》を惜しんで働かなければなりません。そのため短時間でお腹が膨らむうどんが喜ばれたのでしょう。「忙しくて時間がないから、うどんでもかっこんでおこう」というのと、「今日は仕事をする気にならないから、そばでも食って時間をつぶそう」という生活の違いです。

とはいえ、江戸にうどんがなかったわけではありません。鍋焼きうどんと小田巻蒸しだけは江戸時代を通じて江戸っ子の人気メニューでした。鍋焼きうどんは今とそれほど変わりませんが、小田巻蒸しはしっぽくのようなものでした。それらは冬場のしかも夜に限って屋台で売られていました。「夜食はうどん」と決めていた人がかなりの数いたのだと思います。それが証拠に、夜回りの屋台がたびたび火を出すので、禁令が出されましたが、それでもうどん屋台はなくなりませんでした。需要があったら禁を破っても売る人がいたのは、いうまでもありません。

寝しなに食べても、うどんなら翌朝もたれない、ということも知っていたのでしょう。機を見て敏に動く臨機応変さは、江戸だけでなく大坂も含めた都市生活者の特徴です。しかし、そこに「粋がる」感性が入るのが江戸文化の個性です。江戸っ子がうどんを食べる姿は、堂々としていません。どこか人目をはばかるように描かれるのが常です。昼間のうちはうどんよりそばだと粋がっているわけですので、夜な夜な襲ってきた空腹感に耐えかねてうどんを食べるのは、人目を忍んでするることだったのです。そんな可愛らしい意地っ張りが、江戸の庶民文化をほほ笑ましく見せるところです。


ところで、江戸っ子は、鍋焼きうどんの薬味に胡椒《こしょう》を使っていました。合うのやら合わないのやら、私は試したことがありませんが、粒胡椒をひいた薬味が当時からあったのには驚かされます。ちなみにその頃、そばには、七味唐辛子はもとより、大根卸しや梅干しとバラエティに富んだ薬味を使いましたが、胡椒を入れるということはありませんでした。

また、女性や子供たち、さらにはお年寄りは、そばよりうどんをよく食べました。家で作るときは、そばは小麦粉の配合その他でむずかしいのですが、うどんは小麦粉と塩と水があれば、素人でもなんとか格好がつきます。そのため、そばは外食、うどんは家で食べるものとなりました。当時の外食は男たちの特権的な楽しみですから、必然的に女性や子供はうどんになったわけです。お年寄りがうどんを好んだのは消化がよかったからでしょう。また、夜回りのうどん屋は夏場には小麦粉で白玉の冷菓を作って、昼間女性や子供に売っていたのです。

もし、どっちを取るかと聞かれたら、私はそばを取るでしょう。うどんはどうもお酒のあてになりません。それに丼いっぱいがどうにも私には重いのです。でも、そんな考えも讃岐に行って少し変わりました。香川県では喫茶店にうどんを置いていたりして、好きな人ですとうどんをはしごするという食べ方をします。あれは江戸っ子のそば食いに近いですね。うどんでもそうした食べ方があるのだと目から鱗が落ちる思いでした。

それに比べて関西では今でも昔ながらの食べ方をしています。添え物にかやくご飯やお稲荷さんを出してくれるうどん屋さんがあります。やっぱり今でも関西では、うどん屋さんは主食を食べる場所なのです。自分の好みとは別にそのこだわりもあっぱれ。江戸時代のように江戸は職人の町、大坂は商人の町などといえなくなりましたが、それでも食文化は変わりません。

どちらが暮らしに合うかで、形作られていったそば文化とうどん文化。それは、やがて暮らしに合うからでなく、「好み」として、その土地の食文化になっていきました。どっちがいいのかなんて議論は意味がありません。両方楽しめばいいのです。やっぱり東京のほうが美味しいそば屋さんが多いように思いますし、美味しいうどんは関西のほうが多いでしょう。

関西のうどんの美味しさは、昆布の出汁《だし》でしょう。江戸にはこの昆布出汁の文化がありませんでした。安永以前にうどん屋が流行っても、幕末まで夜回りのうどん屋の鍋焼きうどんが好まれても、江戸の出汁はかつを出汁です。これで食べたので江戸のうどんはずいぶん重いものになったのだと思います。もし、昆布の出汁があったら、恋川春町の『うどんそば　化物大江山』のヒットはなかったのかもしれません。

（一九九九・十二「別冊サライ」）

『ソバ屋で憩う』より

ソバ屋の客のたしなみ

心如水。こころみずのごとし。

はたちそこその若さで没した悲運の将軍、十四代徳川家茂《いえもち》は、好んでこのことばを書にしたためたが、いったいどんなつもりだったのだろう。幕末動乱期、十三歳で将軍にまつりあげられ、以降の間断なき極度のストレスが、命とりになったといわれている。かれはきっと、憩いたかったにちがいない。

ソバ屋で一盃《いっぱい》、できたらよかったのにねえ。

ソバ屋でよりよく憩うための極意は、この心如水にある。万物に恩恵をあたえる水は、丸三角四角どんな器にも応変に添う。

駅ソバだろうと名店の絶品だろうと、きちんと味わう。これこそが、客にとっての極楽であり、同時に、店の雰囲気をうるおす空気になって、それがめぐって店への恩返しとなる。

たとえば、私たちは毎日その日の天候や行動内容によって、最適と思われる服を選んでいるが、そんなふうに、ソバ屋を選ぶことが、真っ当なソバ客のたしなみであろう。

その日の気分にふさわしい店はきっとある。定番も冒険も、望みのまま。ただし、冒険の後に文句をいうときは、再訪する場合が鉄則。金輪際さようならなら、グチなしでさらり別れよう。

ソバの薫りは繊細だ。ソバ屋では、きつく匂う話題は避けたい。なま臭い色恋の修羅話、うさん臭い商談、キナ臭い口論は、禁煙席より徹底して廃すべきだ。

店に行ったら、つとめて自然体で背景に溶けこむ。そこから、じわじわ憩いが醸《かも》し出される。はからずも、まわりから浮いてしまったら、反省か工夫か、それでもなおかつおよばなければ、きれいに退散しよう。ゴリ押しからは、けっして憩いは生まれない。ときには気まぐれもいいものだが（思わぬ拾いものがあることもある）、憩いの前の店選びの熟考も、また快楽だ。

憩うとは、結局、シンクロナイズである。ソバ屋は、個々のバイオリズムにぴったり対応できるほど、充分な数があり多彩だ。

持ち駒《ごま》は多ければ多いほど、町ぐらしのフットワークは軽やかになる。ソバ屋は、すこぶる頼れるピットインになる。

初回の客

はじめて訪れる店では、客としてどうふるまうのが望ましいか。基本は三つ。
一、時間のゆとりを持って出かける。
二、昼どきをはずす。
三、こざっぱりした身なりで行く。
店の規模にもよるが、小人数（三人以下）が適当だろう。着いたら、外観を眺める。暖簾や看板のたたずまいを味わう。入店したら、入り口付近で全体の様子を把握する。このとき、席へは、案内されるのか、好きに掛けていいのか、一拍の間を置くとわかる。

メニューは、はじからはじまで、じっくり精読する。わからない品書きはなんでも聞く。お薦めなども聞く。店の人になにか頼むときは、タイミングをはかって、ついでの動作をキャッチし、なるべくいちいち呼びつけない。店内をゆっくり見て、その空気から、常連客の層を推し量る。

品が出たら、すぐに箸をとって軽く合掌、いただきますと小声で言う。あとは、自分のペースで呑《の》んだり食べたりすれば良い。

おしまいに、ソバ好きは、ついやってしまいがちだが、ソバ屋で他のソバ屋の話題で盛りあがることは避けたい。

今日も憩いをありがとう。感謝の念で店をあとにする気持ちを忘れずに。

ソバの音

こんな話を知人から聞いた。

日本文化、ことに浮世絵に精通した英人夫妻とランチをとることになった。初来日で、和食の約束だったので、寿司か天ぷらでもと思ったが、庶民的なものをと所望され、急遽《きゆうきよ》ソバ屋へ向かった。

赤坂の小体《こてい》な木造の老舗《しにせ》、時代劇のセットのような雰囲気に、夫妻は大喜び。それもつかのま、前後左右の客が、ズズズッとソバを食べはじめるや、渋面大不評となり早々に退散するはめに。そのおぞましき濁音の嵐《あらし》を、「天井が落ちてくる」と表現したという。かくも異文化交流はむずかしい。

多くの国で、ものを食べるのに音をたてるのは、はしたないとされている。カリッ、サクッ、パリッなどの乾いたささやかな音ならまだしも、濁音はゆるされない。

だからといって、ソバを箸《はし》で強制的に口へ押しこんだり、団子状に丸めて巻きとって頰ばれば、じつにまずそうだ。

ソバの音は、どうしたものか。

ソバをズズッと、あからさまな音をたてて食べるようになったのは、どうやら、ラジオ普及以降のことらしい。

ソバ関連の落語を放送でかける際、仕方噺《しかたばなし》のSEとして噺家がズズッとやった。それを聴いたひとたちが、達者な擬音を、オツだねえとマネたのではないかという。

従来我が国ではおおむね濁りを忌《い》み、麺《めん》なら、つるつるは良いがずるずるは下品として、唇をすぼめて食べていた。

ただしソバは、晩秋から春先にかけてズズズッが公認された。俗に「きくやよい」＝「聴くや善い」＝「菊弥生」と云《い》って、菊（十一月）から弥生《やよい》（三月）までがズズッ公認期間とされていた。つまり新ソバの時期で、新ソバの薫りはかそけきものだから、空気を攪拌《かくはん》させ、口腔《こうこう》から鼻腔へと増幅してこそ、存分に堪能《たんのう》できるのだ。高座のソバは新ソバであるわけだが、いつしかそれが通年の慣習として定着したのだろう。

国際化のために、ソバは無音で食べるべしというよりは、爽《さわ》やかな濁音の開発とアピールにより、食文化のさらなる広がりに、極東から一石を投じたいものだ。

ソバに合う酒

ソバに合う酒とはなんだろう。

本醸造、純米、吟醸、大吟醸、はたまたソバ焼酎《じょうちゅう》か生ビールかワインかカクテルか。好むソバが、それぞれ違うように、いちがいにはいえない問題だ。

老舗《しにせ》にはウィスキーを当たり前に置くところもあるし、ワインを揃える新鋭もある。当たらずとも遠からずといった論法でゆくなら、結局ソバが主か、酒が主かといった重点に尽きるのではないか。ソバをよりよく楽しむための露払いとしての酒「ソバ前」を楽しむのか、美酒の宴を〆《しめ》るトリとしてのソバを期待するのか。これは、微妙な差のようで、かなりの隔たりがある。

前者なら、本醸造か純米の、わたくしがいわゆる酒でございますという、氏素姓輪《うじすじょう》郭のはっきりした、幼なじみ系がハマる。

後者なら、初対面希少品の、吟醸、大吟醸、あるいはヴィンテージ古酒の、リゾート地での数奇な出会いアバンチュールという、ゴージャスなマダム系がハマる。

いずれにせよ、ソバと酒の関係にハバがあるのもソバ屋の魅力で、その日の気分でチョイスするのが憩いの秘訣《ひけつ》だろう。

意外な洋酒との組み合わせは、ご主人のポリシーによるものだから、メニューにあれば、一度は試してみたほうが良い。あらたなソバの地平が見えるかもしれない。

そばがき

お気に入りのソバ屋のメニューに「そばがき」があれば、ぜひ試したい。

そばがきほど、それぞれの店の個性が出るものもない。いわゆるソバ切りは、太さや色合いの差こそあれ、どれも麵《めん》状という定形内だが、そばがきには決まった型が、まったくない。掻《か》きっぱなし、蒸してムースのドーム状、木葉型に成形して湯へ浮かべる、すいとん状にちぎって具を添えた汁にしたり。その堅さも千差万別。陶芸の粘土のようにずっしりした重量系から、口に含めばまろやかに溶けていくふんわりした軽量系まで。

型がないどころか、供し方も様々で、生《き》醬油《じょうゆ》、わさび醬油、おろし醬油、ソバつゆ、あんかけ、納豆、黄名粉《きなこ》、胡麻《ごま》などなど。

ともあれ、そばがきは、ソバのキトキト・ライブである。どんな形であれ、供し方であれ、一秒ごとに艶《つや》も弾力もキメも褪《あ》せる。

生き物としてのソバを、これほどあからさまに感じられるカタチもないだろう。

食べ歩いた中では、山形のそばがきがダントツに平均値が高い。店によっては、ソバよりそばがきが際立《きわだ》つほどで、深い感銘を受けた。タイプは掻きっぱなしが主流。生醤油、納豆、黄名粉、胡麻。この地方では「かいもち」と呼ぶが、つきたての餅《もち》にまさる、優雅に花開く芳香には屈服せざるをえない。

そばがき。ソバ屋の余技でもあり、見せ場のひとつでもある。

ソバ屋の主人

ソバっ食いを自認するものは、お初のソバを一口たぐれば、なんたって一言たれる、鼻持ちならない気障《きざ》な性癖を有す。それらを、ウンチ君（故事来歴をひけらかす、蘊《うん》蓄《ちく》まみれのひと)、ソバリエ(ありとあらゆる比喩《ひゆ》を駆使して、ソバの味を表現しようと試みるひと)と称す(ここだけの話)。

こんな輩《やから》と、日々対峙《たいじ》しているソバ屋の主人に、一筋縄ではいかない偏屈が多いのも、むべなるかなだ。

徒弟制の下で黙々と修行を積んだ、根っからの職人もいれば、試行錯誤を重ね、ひたすら理想に邁進《まいしん》する求道者《ぐどうしゃ》もいれば、食道楽が昂《こう》じて、脱サラしてソバ打ちになったマイペースの趣味人もいる。

ソバ屋の味には、整列乗車の大勢から一抜けて、あえてソバ畑に踏み入った、かれらの面構《つらがま》えがダシとなっている。ソバ屋の主人は、みんなわがままだ。しかし、場当たり的なワガママではなく、真っ当な我《わ》が儘《まま》なのである。これが肝要なところ。

ソバ屋へ行く楽しみのひとつは、主人そのものにある。かといって、対面して風貌《ふうぼう》を眺めたり、親しげに話し込んだりするのではない。店全体が、いわば主人の顔なのだから、その雰囲気に、どっぷり身をゆだねれば、そこのソバは、ますます美味《うま》くなる。

主人を味わいに、ソバ屋へ行こう。

一枚のもりそば

店によって、もりそば一枚分のソバの量が相当まちまちだ。下に敷いた、ザルやスノコが透け透けに見えるくらいぱらっと並べたものから、涌《わ》き立つ入道雲のごとく勇壮な山盛り（もちろん並で）のものまである。

値段にさほど差もなく、文字だけの「お品書き」では、出て来るまで見当もつかない。ソバ屋でもりそばを残すことは、ソバっ食いとしてはあるまじき失態である。小食を自認しているむきは、未知の店へ行くときに大食漢の友人を伴うべきであろう。

店によっては、「当店のソバは二～三枚で一人前です」と、明示しているところもあるし、半量、小盛り、中、などが設定してあれば、必ずや並の量は多いと知れる。

結局、その店が、ソバを食事として供しているのか、コーヒーや茶菓子などの嗜好《しこう》品《ひん》として供しているのかの姿勢の違いだ。

概して、江戸前のソバ屋、趣味色の強い手打ち処《どころ》は少なく、素朴な郷土食としてのソバ屋や、学生街の食堂では多い。

もっとも、その昔、東北の山間部では、一人前に四合の玄ソバを用いたという。江戸でも、成人男子の一食分の米は二合半が基準で、巷《ちまた》に五合飯、一升飯などザラであり、四合も恐るるに及ばぬのかもしれない。
ともあれ、腹も身のうち。胃袋と相談して、上手にソバと付き合おう。

江戸のソバと酒

単にソバといえば、ソバの実を指す。すなわち「ちょっとソバ食いに行こうぜ」は、「ちょっと米食いに行こうぜ」と同義で、なにを食いに行くのか見当もつかない。ソバの実を具入りの汁で炊《た》けば「ソバ米雑炊」、ソバの粉をお湯で練れば「ソバ掻《が》き」、こねてのしたソバ粉を細く切れば「ソバ切り」。私たちがいうソバは、このソバ切りのことだ。

ソバ切りが、江戸の町で日常的庶民食となるのは江戸も中期のころ。それまでは、精進《しょうじん》料理の珍味の小鉢か、山間部の代用食としての存在で、小粋《こいき》にするするっというう趣味食のソバ切りはなかった。貴族の町・京都、商人の町・大坂に対して、江戸は、武士と職人の町だった。迅速な動きが肝要だから、食事は手軽で身が重くならないものに嗜好が寄る。ソバ切りは江戸の職人に絶大な支持をうけ、大消費を経て、しだいに江戸前に洗練されていった。

屋台売りから一般化したため、ザルとソバ猪口《ちょく》の複数容器では不都合で、大平《おおひら》（深皿）に盛ったソバにつゆをかけて出したので、もり。丼《どんぶり》へたっぷりの汁をかけたのが、かけ。薬味は、ちんぴ（みかんの干皮）、大根おろし、唐辛子、しそなど。きざみねぎはない。

専門店舗の激増した江戸後期には、もり、かけ以外に、さまざまな種ソバが誕生する。おかめ、しっぽく、花巻、あられ、玉子とじ、天ぷら、あんぺいなどなど。

客は、ソバのあがるまでを酒でつないだので、江戸では酒の別名を「ソバ前」という。いまでも老舗《しにせ》の江戸前ソバ屋には、うまい酒と、気の利《き》いたつまみがあるのは、いわばひとつの伝統である。昼酒が楽しめる江戸前のソバ屋は、おとなのパブだ。

江戸の酒消費量は膨大で、陸揚げされた認可の樽《たる》数を、人口（老若男女《ろうにゃくなんにょ》）の半分が下戸として単純計算すればひとりあたり、一日二合強。しかも、これは希釈前の原酒であり、小売の時点で量はかなり増える。その他、近郊からはいる地酒や、無数にある密造酒は含まれていない。女性の酒豪もめずらしくない。江戸は呑んべえの楽園だ。

それだから、江戸っ子が喧嘩《けんか》っぱやかったのは、いつでもほろ酔い機嫌であったからだろうと冗談まじりにいわれる。

昼の酒

東京のソバ屋のいいところは、昼さがり、女ひとりふらりと入って、席に着くや開口一番、「お酒冷やで一本」といっても、「ハーイ」と、しごく当たり前に、つきだしと徳利が気持ち良く目前にあらわれることだ。

昼酒。なんでもないようで、これがなかなかむずかしい。ソバ屋以外の、いわゆるレストランの多くは、まず女ひとり客と見れば、ペラのランチタイム・メニューが出されるだけで、ドリンク・メニューや一品料理は、たとえあっても出さない。あきらかに接待とわかる男性の複数客には、それらを添えて出すのをみれば、おもしろくない。

けれど、ソバ屋は万人に平等だ。喫茶店でケーキを頼むのが奇異でないように、酒とツマミを頼むのはフツーの注文なのである。

ソバ屋で憩う、昼酒の楽しみを知ってしまうと、すっかり暮れてから外で呑《の》むのが淋《さび》しくなる。暗い夜道を、酔って帰宅するなんて、まったく億劫《おっくう》だ。いまだ明るいうちに、ホロ酔いかげんで八百屋や惣菜屋を巡って、翌日の飯の仕入れをしながら就く家路は、今日をたしかに過ごした張り合いがある。

暮すということは、時間をつなぐことであり、酔ってうやむやに終わる一日からは、暮しの実感は生まれてこない。

とはいえ、昼酒なんぞは、自由業のボーナスで、世間様では、ソウままならぬことなのでありましょう。スミマセン。

ソバ屋の薬味

ソバ屋の薬味といえば、ねぎ、大根おろし、わさびが通り相場だが、それは現在の洗練された「もり汁」が完成してからのことである。ここへたどり着くまでは、さまざまなバリエーションが存在した。

江戸の初期までは、江戸で使う醤油《しょうゆ》は、もっぱら上方からの下りもので、庶民にとっては高根の花であった。刺身でさえ「いり酒」といって、古酒に梅干しの漬け汁を加えて煮詰めたもので食べていた。ましてや大衆食のソバ屋の手には届かない。

つゆは、味噌《みそ》の垂れ汁を大根のしぼり汁で割ったものを用いた。野趣あふれる風味である。これに添えられた薬味は、わさび、一味、花鰹《はながつお》、海苔《のり》、切り胡麻《ごま》、ちんぴ（みかんの干皮）、しそ、生姜《しょうが》、そして、ちぎり梅干しや、焼き味噌を丸めたものもついた（ねぎはない）。それらを、各自が思いのまま、つゆへ投じて、好みの味を楽しんだ。

のちに、銚子《ちょうし》や野田という近郊で醤油が醸造され、庶民の口にも入るようになり、「もり汁」が飛躍的進歩を遂げる。うまいつゆに、薬味の出番がぐっと減り、わさび、一味、切り胡麻、ちんぴが残った。

この内、ちんぴだけが消えた。先日、ちんぴを試してみたが、二八の江戸前には、これがなかなかイケる。復活を望みたい。

駅のソバ

駅構内にあるソバ屋は、憩いとはかけはなれた存在のように思える。回りを取り囲む状況が、あまりにせわしない、時間がない、しかも横一列に立って搔《か》っ込《こ》むなんて、気恥ずかしい。そこまでして食いたいかというなかれ。なぜならそこにソバ（のようなもの）があるからだ。

どっこい雑踏の中にも憩いあり。忙中閑ありとは駅ソバのことだろう。食券を買う、丼《どんぶり》が出る、食う、電車に飛び乗る。乗り換えに七分の間があれば、これくらい、難なくこなせる。瞬間ソバ・チャージだ。

駅ソバのダシというのは、なぜあんなにも強烈に香り立つのだろう。ふつうの町ソバとは異なる、ソバ「のようなもの」独特の、幻惑の匂《にお》い。問答無用にそそられる。さあ、その挑発を迷わず受けて立ち、わずかな時間内でクリアーするがいい。その達成感こそ駅ソバの醍醐味《だいごみ》だ。これぞ、りっぱな憩いではないか（ただしラッシュ時の車中では、駅ソバ族がねぎ臭いのには困る）。

駅ソバスタンドの客の後ろ姿は、観音堂の賽銭《さいせん》箱前に立つ姿と似ている。チャリン、モグモグ。今日も一日つつがなく。

　最近は冷凍麺《めん》が普及して、駅ソバもだいぶうまくなった。駅ソバがうまいと、妙に落ち着かないものだ。駅ソバとは、やはりソバ「のようなもの」であってほしい。

ソバ湯

　要するにソバの茹《ゆ》で湯である。うどんやラーメンやスパゲティの茹で湯は捨てるのに、ソバ屋では湯桶《ゆとう》という専用容器に入れ、食後を見計らって麗々しく茹で湯を出す。ソバ湯はなぜうまいのか。それはソバの滋味が湯の中にとけ出しているからだ。が、ルチンやビタミンB群などが知られていなかった昔から、ソバ湯は好まれていたのだから、単にそれがうまいから飲んだのだ。

　余ったもり汁をソバ湯で割ったものを、ソバ屋のコンソメと称する。フランス料理はコンソメで店の実力がわかるというが、もり汁のソバ湯割りも、たぶんソバ屋のテスターとなり得る。納得はいくが、憩いに来た以上、気障《きざ》なことは、なるべくしたくない。

ただ、ちょっと困るのが、うどんと釜《かま》が同じ店のソバ湯の塩気と、水道水のカルキ臭のあるソバ湯である。それ以外は、出されれば嬉しい、ソバ屋独特のサービスだ。うわずみの部分、底の濃厚な部分。店のスタイルやタイミングによりそれぞれで、中には茹で湯とは別製に供する店もある。

ソバ湯だけを合いの手に、酒を呑むのは、年を重ね、盃《はい》を重ねたものの到達する、枯淡の境地であろう。ここまで来たら、いつ死んでも惜しくない命と悟るがいいと（個人的に）思っている。それにつけても、こんなにもうまいソバ湯に値がないとは、いかにも、仏のミルクといった風情《ふぜい》ではないか。

見目良きソバ食いとは

ふだんは、なにげに食べているソバも、名店といわれる店へ、自ら先導して、あるいは、なりゆきで連れていかれたときなどは、そこそこ体裁よく、その場をこなしたいと思うだろう。

ソバはどう食えばよいか。諸説ある。

たとえば、薬味の場合、いきなりつゆに溶くか、麺《めん》へ適宜少しずつ直接添えるか、合間合間の箸先《はしさき》の口直しとするか、ソバには使わず、後のお楽しみ、ソバ湯の具とするか。

たとえば、一度に何本つまめばよいのか。五、六本ずつを、リズミカルにするするっと、二、三口以上は噛《か》まずに、麺の下三分の一だけつゆに顔見せて、あくまでスマートに。あるいは、長いソバはソバ猪口《ちょく》に添えた左の人差し指を、猪口の縁へあてて押し切る。リクツこねくらずと、とにかく威勢よくスピーディにイナセに。

どれが正解ということではない。これは好みの問題だ。

ソバは麺とつゆで完成する、世にもシンプルな「料理」である。シンプルな服を粋《いき》に着こなすのがむずかしいように、ソバを粋に食べこなすのもむずかしい。要は、自分なりのスタイルを確立するまで、ひたすら場数を踏んで食べ慣れることにつきる。

理想はうまそうに見えること。

ソバ猪口に山盛りにソバを入れこむのはまずそうだ。ソバ猪口の真上で、一口ずつソバを噛み切って、その切れた麺がつゆに落ちていくのはまずそうだ。口からソバをナイアガラのようにぶらさげたまま、途中でひと息ついているのはまずそうだ。ソバの上、またはソバの中に割り箸を突っこんだまま、おしゃべりしているのはまずそうだ。二、三本食べ残すのはまずそうだ。

一箸一口一啜《すす》り、が基本だろう。ソバをたぐるという。ソーメンやうどんではあまりいわない。ラーメンではまったく聞かない。手繰《たぐ》る。手を繰って、目的のものを自分の方へと引き寄せる動作。適量の麵をつまんだ箸を持ち上げて、麵の尻尾《しっぽ》を確認して一旦《いったん》降ろし、その尻尾をたぐって再度持ち上げれば、見事な一口の完成。好みの長さと分量になるまで、ソバは何度たぐり直しても、非礼にはあたらない。ていねいにたぐり、せいぜい小粋に食べよう。

お江戸漫画館　6

古川柳つま楊子より

古川柳《こせんりゅう》

つま楊枝《ようじ》

夜《よ》

そば切《きり》 ふるへた声《こえ》の 人だかり

あの父子《おやこ》は寒詣りだ。えらいねえ。
えらいねえ。

ハフッハフッ
ズズ
ズズッ ハフッ ズズッ
エ、きたねえ
ハナをかみやがれ！
ぐちゃぐちゃ
おーじーさぁーん
ぬっ
一杯おくれ〜
ぎょっ
ああびっくりした。
おらア ぬっぺら坊かと思った
大きにお世話!!
ハハハ
ヒュー
くうーん
かわいい。

飼《か》いたいねえ。
よせよせ
こいつァ
足が太えから
でかくなるぜ。
おめえなんぞの
手に負えや
しねえ。
そうか
ねえ。
ハッハッ
うちの猫が
腹ぼてれん
だ。
じき
生まれるから
可愛いのを一匹
あげようか。
うれしい。
姐《ねえ》さん
ホイ、
お待ち。
ア痛《っ》ッツ。

…………
…………。
モミ、モミ
今晩あたり降るかなァ。
おじさん、どしたィ。
ハハハ、ナニ若い時分の無鉄砲とやら。
雪もよいの日は古疵《ふるきず》がネ……。
男《おとこ》じゃといはれた疵《きず》が雪《ゆき》を知り

古川柳《こせんりゅう》

つま楊《よう》枝《じ》

ガタガタガタ

明《あ》かぬ戸《と》を　外《そと》で手《て》伝《つだ》ふ　夜《よ》そば売《うり》

だめだ こらア。
こっから 差し入れて くんねえ。

ズズッ はふっ
ズズズッ はふっ
ホイ。おかげであったたまった。
ちゃりーん
ばふ
ゴロン

アオーン
ワン ワン
ワン ワン ワン
ぶるっ
……よく その戸が 開いたなア。
騒ぐと 為に ならねえぞ。
ギラリ

折角だがこの家にゃァボロにくるまった俺の他《ほか》ゃァ何もねえ。

あ
その火鉢ァひびが入ってる。持ち上げると割れるぜ。
……。

すっぱりと　盗人《とうにん》にあう　一人者《ひとりもの》

古川柳《こせんりゅう》

つま楊枝《ようじ》

朝晩 これを煎じて飲ませなさい。

みんな見放《みはな》すに 薮医《やぶ》の頼《たの》もしさ

大事ない。
きっとなおる。

先生、あんなこと言って平気ですか？
あの病人だいぶキテたようじゃないですか。
うん。平気さ。
なおる時ゃなおる。ダメならそれまでさ。
医者をしくじったら二人で易者になりましょう。
そうだな。——ウウ冷える晩だ。
……エエト、よき夜ほど氷るなりけり冬の月……ト。

いいですね。誰の句です？
わしのとは思わんのか？
ええ。それで誰の作なんです？
フン。忘れた。
ねぇ先生。横に並んで話しながら帰りましょうよ。
ピタッ
いや、このほうが風よけになっていい。
ひどいなァ。

うわっくしょん
くっしょい
くしゃんくしゃん
ヤ、ひきましたナ。
帰ったら葛根《かっこん》でも煎じましょう。

医《い》者《しゃ》殿《どの》は　結《けっ》句《く》うどんで　引《ひっ》かぶり

ばか。薬なんざ大きらいだ。
あったかいものでも喰って寝ちまうのが一番だわな。
へ

七　極楽

「ごくらくちんみ」より

からすみ

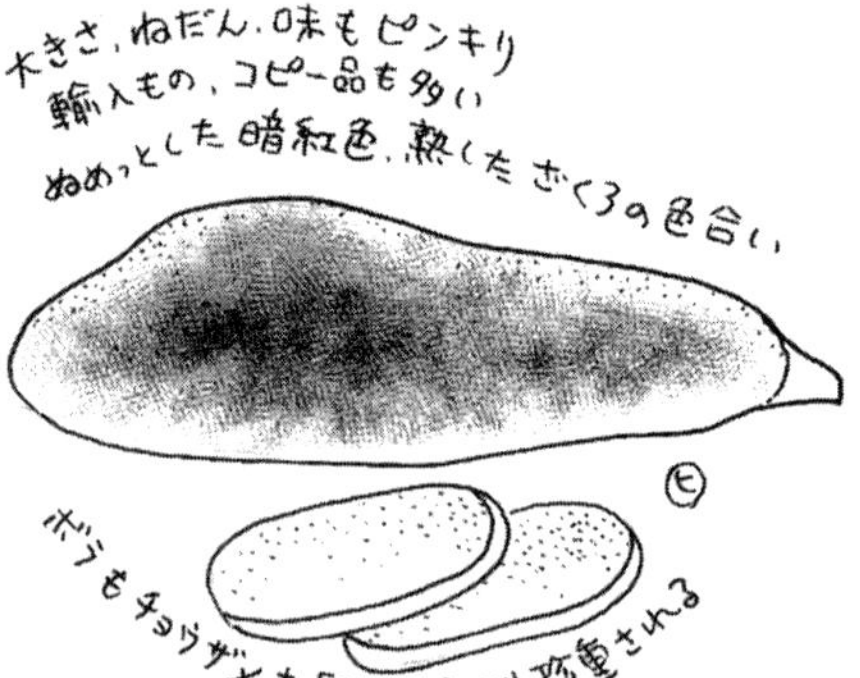
大きさ、ねだん、味もピンキリ
輸入もの、コピー品も多い
ぬめっとした暗紅色、熟したざくろの色合い
ボラもチョウザメも「子」の方が珍重される

【からすみ】
ぼらの卵巣を塩漬けにし、
なじんだら塩抜きして天日干しする。
紅子と呼ばれる赤めのものが最高級品。

「だから、だいじょうぶだって。お義兄《にい》さん、もう一週間くらいで帰ってこれるってさ。あと念のため、ほかもみてもらうだけだから」

「そんなことといって、医者なんてほんとのとこはどうなんだか、いつも教えてくれないんだから」

「でも、信用するしかないでしょ。だいじょぶだって」

実家の義兄が入院し、姉のサトコが心細がっているので、チヅルは久方ぶりに泊まりに来た。

サトコはひとり娘を嫁に出して以来、夫婦ふたりで二十年あまり、くらしている。

「姉ちゃん、別府温泉の写真見せてよ。楽しかった？」

「え？」

「ほら、お正月、上げ膳据《す》え膳で極楽だったんでしょう」

「え？」

「義兄さん、やさしいよね。来年、金婚式だから、オーストラリアでもいくつもりだってね」

「そお。ねえ、トシエどうしたんだか、さっぱり顔見せない」

「……。この煮ものおいしいわ。母さんのとそっくり。あのさ、ちょっとお酒もらうね」

チヅルは台所へ立ち、てきとうなつまみを物色した。冷蔵庫の片すみに、からすみが二分の一あった。

「うわ、これいただいちゃうね。お正月ののこり?」

「なに」

「からすみ。食べよう」

「そんなんあった」
二、三ミリにスライスし、酒をふり、焼き網で軽くあぶって大根の短冊ではさむ。
「うまいわ、これ。高級だわ」

なにかがみっしりつまっている。濃い。充実している。噛みしめるとほろりくずれる。馥郁《ふくいく》とした余韻をのこして消える。案外もろい。辛口の本醸造によく溶ける。

「ねえトシエ、どうしたろう。近ごろちっとも音沙汰なくて」

「トシエ死んだよ。ずっと前」

「ええ。なんで。嘘」

「嘘じゃないよ。姉ちゃんと葬式手伝ったじゃない」

みっしりつまっていたなにかが、ほろほろくずれていく。義兄から姉がボケはじめていると聞いたのは半年前だった。

「病院なんて嘘ばっかりいう。うちのひとだってダメかもしれない」

「だから、だいじょうぶだって」

「みんなわたしをばかにして」

「ちがうよ。すこし呑《の》もう」

すこし呑もう、たっぷり眠ろう。明けぬ夜はないのだから。


（一九九九・三「小説新潮」）

このこ

リカは、イタリアロケから帰って時差ボケのまま退職願いを出し、家に居る。明日の早朝には引っ越し業者が来る。いそがしい。

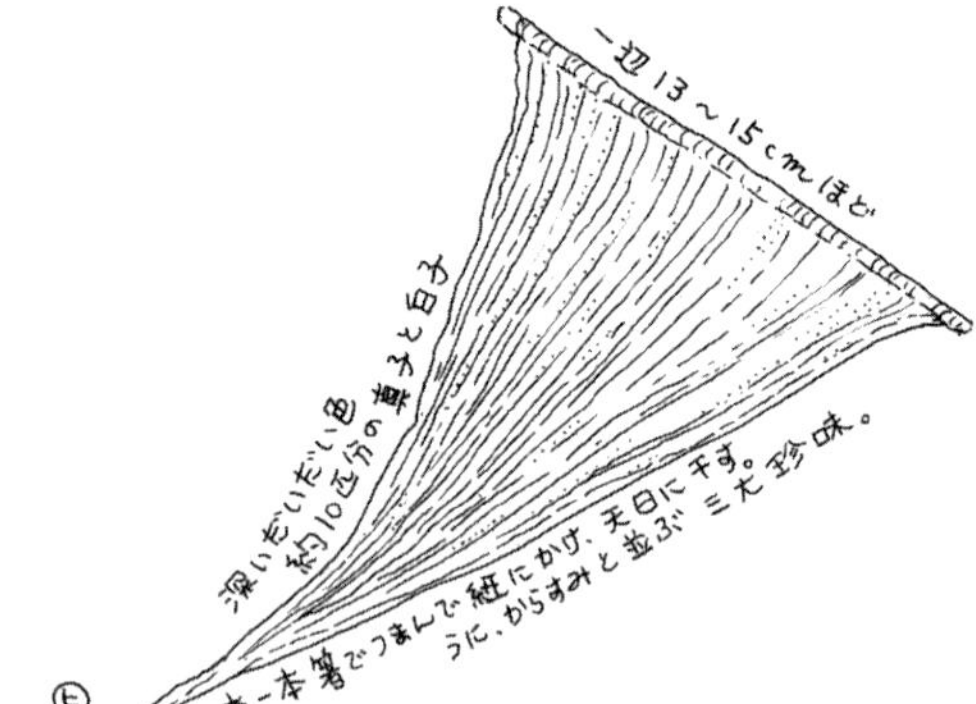
一辺13〜15cmほど
深いだいだい色
約10匹分の真子と白子
一本一本箸でつまんで紐にかけ、天日に干す。
うに、からすみと並ぶ三大珍味。

【このこ】
なまこの真子（卵巣）と白子（精巣）を乾燥させたもの。
二月から三月初めのものに限る。
バチコ、クチコともいう。

ピルスナーグラスにたっぷりと発泡酒。午後の陽差しの色。プロセッコ。北イタリアの白ワイン。土臭く、日向臭《ひなた》く、果樹園を散策するような鮮烈な香気に満ちる。なにがなんだかわからないが、自分にとってのハレの日だ。明日になれば、おさらばさらば。一切合切《いっさいがっさい》は貸しトランクルームに、とりあえず三か月お預け。おもいたったが吉日。あとは野となれ山となれ。

だから、今宵《こよい》はスペシャル。大事の珍味、このこをあぶる。一枚十五〜十七グラムを作るのに、数キロのナマコが要《い》る。高級珍味の筆頭格。細く裂《さ》きながら賞味する。海のいのちのエッセンス。芳香。

プロセッコに、このこ。日向ぼっこの物思い。黙して語らずとも饒舌《じょうぜつ》なる瞳。いいコンビだ。

「んまいなあ。ありがとうよ。ひとりで生きてゆけるよ」

二度目の成年祝いに墓を買った。平均寿命をまっとうする気なら、だいたい折り返し地点だが、そんな気負いはない。衝動買いだ。

だれにも相談はしなかった。墓石はただの目印だから、漬けもの石で良かったのだが、分譲した石屋さんの立場があって、レディメイドの一番ちいさい、ポチやタマのやつみたいなのを立てた。

一人で入るから、ひとりばかとでもいうんだろうか。

「ひとりばか……」

親はこの買いものを知らない。

「やめてよ、そんなさびしいこと」

ひとりばかのポラロイドを笑いながら見せたとき、友人が真面目に非難した。叱られて、ほんのりうれしかった。

「さびしくないよ。これがあるからあんしんして生きられる」

「ひとりばかなんて」

「そ。ひとりばか」

「ばかだよ、あんたほんとに。ひとりひとりって決めつけて」

業者の手にかかれば、こんな部屋など、三時間かからないでカラッポになるらしい。あとは、さしあたっての居場所がない。

このこをつまようじの細さにていねいに裂いて食《は》む。プロセッコをぐびりと呑む。わすれよう、いろんなこと。かんがえよう、これからのこと。ゆっくりと。さようなら、こんにちは。カバンひとつ身ひとつ。なんにもない、なんでもできる。わたし。ボン・ビアッジョ！

（一九九九・五「小説新潮」）

しおうに

目にも鮮やかな朱色
その濃厚な風味たるや
びん詰めうにの比にあらず
小指一節分を適量とす。
もちろん炊き立ての御飯にも
最良の極楽珍味王!!
まったり、ねっとり、じんわり

【しおうに】
越前のバフンウニの卵巣を取り出し、
海水で洗った後10%の塩をして水を切ったもの。
夏に一年分を仕込む。

わたしが船好きと知ってか、帆船型のボトルのコニャックが届いた。
メッセージカードには「どうかゴンちゃんの旅立ちを悲しまないでください。祝福しましょう。彼女は誠実に、愛嬌《あいきょう》たっぷりに生き、天の使わしめの任を果たしたのですから。彼女に感謝して、出会いの日々をことほぎましょう。大好きな船に揺られて、元気になってね」と。

飼い犬が死んだ。ゴマシオの短毛雑種で、雲助風情の渡世犬と見て、「ゴン」と命名。メスだった。十六年を、共に過ごした。

胸にぽっかり風穴があく。すうすう寒い。やるせない。空しい。

「次のを飼えば」とひとはいうが、そんな気力もない。

これが、もしたいせつなひとだったら、一体どうなってしまうのだろう。寂しさのあまり、身も心も粉々になって、風に巻き上げられ、消えてしまえればいいのだけれど、現実は、肉を着て、どんより時を食べ生きながらえるのだろう。別れはつらい。残されるのは、たくさんだ。

琥珀《こはく》色のとろりとした液体を大ぶりのグラスにそそぐ。

シンプルにいきたい。越前の塩うにをひとさじ、小皿にとり、黒文字を添える。

マッチ棒の先ほどを掬《すく》い、コニャックをひとくち。

ちいさい青い炎がつうと胸を通り、同時に、目頭から黄金の吐息がふっと漏れる気がした。

悲しみは消えない。ただ、日々月々年々、徐々に変容するだけだ。温かかったものが冷たくなり、動いていたものが固くなり、抱きしめていたものが触れることもかなわなくなる。残されたものは、それでも腹が空き、排泄《はいせつ》し、眠くなる。

ちょっぴり嘗《な》める。ちょっぴり呑《の》む。舌にいつまでも濃厚にまとわりつく塩うには、荒磯の香りを充溢《じゅういつ》させる。そこへ、コニャックの芳醇《ほうじゅん》なヴェルヴェットのようなふくらみのある酒が融和すると、己の体の輪郭さえ、部屋の空間に溶け、散華する恍惚《こうこつ》感に包まれる。生身は欲深い。こんなことで酔い、眠り、あしたの朝を迎えて、それが当たり前と思っているのだから。

ゴン。写真の中のゴン。わたしは弱いよ。涙腺がゆるみ放題だ。たいせつなひとがたくさんいる。かれらに先立たれたくない。思うだけでバラバラに壊れてしまいそうだ。とりあえず陸から離れ海に出てみよう。大海の波を揺《ゆ》り籠《かご》に、水平線からの日の出と日没を確認してこよう。地に足をつけるのはそれからだ。

（一九九九・十二「小説新潮」）

ほねとかわ

臨終の床で祖父が目を薄く開け、ゆっくり、でも、はっきり、たいしたことないなあ、と、つぶやいた。それから、かたく目を閉じ、細い息を吐いて、亡くなった。レ

【氷頭なますと鮭の皮】
鮭の頭にある軟骨を薄切りにして
甘酢に漬けたのが氷頭なます。
鮭皮は焙ると独特の風味が生まれる。

ースのカーテンが翻り、床から天井まで、濃く籠《こ》もっていた死臭が、一気に消えた。春で、窓下には、真新しいランドセルをガチャガチャ鳴らし、子供らが駆けて行く。骨と皮の亡骸《なきがら》は、柩《ひつぎ》の重さだけにしか感じられなかった。もう二十年近く前になる。

子も成人、独立し、ようやく自分の人生これからというこの頃になって、ぽつんぽつんと、知人の訃報《ふほう》に接するようになった。他人事だった死が、すぐ身近にいる。ふっと、肩に、柩の重さ（軽さ）が蘇《よみがえ》る。

骨と皮が一番旨いんだよ。魚食いの祖父は、身を食べ終わると、皮を網でカリカリに炙《あぶ》り、さも大切そうに齧《かじ》り、むせるような熱燗を、顔をしかめてすすった。骨も炙って齧ったが、鮭《さけ》の軟骨、氷頭《ひ》膾《ずなます》が、特別好物だった。刺し身など滅多に食わない。客嗇《けち》臭く骨と皮を、しかめっ面で、旨い旨いと褒めちぎり、悦に入っている祖父は、演じた、婿《むこ》養子のわざとらしい意地に思えた。

鮭の皮の珍味が市販されていることを知り、氷頭膾の瓶詰といっしょに買って帰るようになった。自宅での晩酌に、今では欠かせない。皮を炙ると、くるくるゴザのように丸まる。それを輪切りにして、「うざく」風にキュウリと和《あ》えるのが上品だが、スティック状のまま、つまんで齧るのが、贅沢《ぜいたく》でうれしい。香ばしく、じゅわっと脂《あぶら》がほとばしる。熱々燗が、口一杯にどんと直球で飛び込む。ホールインワンの快感。

そして、氷頭膾でクールダウン。骨と皮、酒。なんて民族なんだろうね。

たいしたことない。裕福に暮らそうが、倹《つま》しく暮らそうが、長生きしようが、短命だろうが。たいしたことない。祖父は、自分自身の人生をたいしたことなかった、と言ったのではなく、三途《さんず》の川が、ちょろっとした一跨《ひとまた》ぎの景色だったのではなかったのか、と今になって思う。

世界中で、生まれては死んで、死んでは生まれる。日常茶飯。殺したり殺されたりは番外だろうが、生まれた限り死は約束。たいしたことない。たいしたことであるはずない。

生きている今が、与えられた現実のすべて。解《わか》ったつもりでも、死は誰にとっても初体験なのだから、その瞬間は怖い。なにせ、その後が解らない。ともあれ、とりあえず生きている。骨と皮の間に命がある。たいしたことない、唯一の命が。


（二〇〇一・一「小説新潮」）

出典一覧

壱　武家

江戸の華（『江戸へおかえりなさいませ』二〇一六・五　河出書房新社）

かわいそうな江戸／江戸のディレッタント／太長いのにはコマリモノ／将軍は三日やったら嫌になる？／私、忠臣蔵はわかりたくありませんという話

（以上『大江戸観光』一九九四・十二　ちくま文庫）

お江戸漫画館1　吉良供養（上・下）（『ゑひもせす』一九九〇・七　ちくま文庫）

弐　黄表紙

江戸にすんなり遊べるしあわせ（単行本未収録）

ウカツなしあわせ（『うつくしく、やさしく、おろかなり』二〇〇九・十一　ちくま文庫）

黄表紙の面白さ（『大江戸観光』同前）

正岡容《いるる》に「江戸」を見る（『大江戸観光』同前）

森銑三『偉人暦』（『江戸の旅人　書国漫遊』二〇一七・四　河出書房新社）

お江戸漫画館2　呑々まんが抄（『杉浦日向子全集』第八巻　一九九六・四　筑摩書房）

参　遊里

江戸っ子と遊びについて　（『うつくしく、やさしく、おろかなり』同前）
『江戸詩歌の空間』（『江戸へおかえりなさいませ』同前）
『江戸の道楽』（『江戸へおかえりなさいませ』同前）
江戸・遊里の粋と野暮　（『うつくしく、やさしく、おろかなり』同前）
色里の夢は煙《けぶり》か　（『大江戸観光』同前）
『張形　江戸をんなの性』（『江戸へおかえりなさいませ』同前）
お江戸漫画館3　初音　（『二つ枕』一九九七・十二　ちくま文庫）

四　珍奇

「お江戸珍奇」より
女のスケベー／男色／曲屁／刺青《ほりもの》　（以上『大江戸観光』同前）
お江戸漫画館4　恋　（『百日紅』上　一九九六・十二　ちくま文庫）

伍　浮世絵

〈創作〉北斎とお栄／善ちゃんへ／私はスケベなのだろうかという話

（以上　『大江戸観光』　同前）

『春画　片手で読む江戸の絵』／写楽　二百年の呪縛／安治　生まれる前の記憶／ヒグラシの翅のような

（以上　『江戸へおかえりなさいませ』　同前）

お江戸漫画館5　（影・5／12）（『YASUJI東京』　二〇〇〇・三　ちくま文庫）

六　蕎麦

江戸の麺事情　（『うつくしく、やさしく、おろかなり』　同前）

『ソバ屋で憩う』より　（『もっとソバ屋で憩う』　二〇〇二・十　新潮文庫）

お江戸漫画館6　古川柳つま楊子より　（『杉浦日向子全集』第六巻　一九九六・二　筑摩書房）

七　極楽

「ごくらくちんみ」より

からすみ／このこ／しおうに／ほねとかわ

（以上　『ごくらくちんみ』　二〇〇六・六　新潮文庫）

編者解説

松田哲夫

杉浦日向子は多才な人だった。漫画にエッセイ、ルポにイラスト、書評に掌編小説……もてる才能を惜しみなく注ぎ込んで味わい深い作品を発表し続け、読者を楽しませてくれた。

杉浦は一九五八年、東京都港区芝で呉服屋の娘として生まれ、幼時から歌舞伎、寄席、大相撲に親しみ、江戸文化にひたって育った。高卒後、日本大学芸術学部デザイン学科に入学するが、一年で中退、稲垣史生の内弟子となり時代考証を学ぶ。しかし、この道で生活できるようになるには十五年かかると言われ、漫画の道へと方向転換をはかる。実は杉浦は、自分でお金を出して漫画本を買ったことがなかったというのだが。八〇年、二十二歳の時、「虚々実々通言室の梅」を「月刊漫画ガロ」に投稿して入選、漫画家としてのデビューを果たす。

江戸後期の浮世絵や洒落本のセンスを引き継いだ斬新な表現、時代考証に裏打ちされた奥行きのあるストーリーなどで注目を集めていった。大人が楽しめる漫画ということで既存の漫画誌のみならず、伸び盛りの青年コミック誌も強い関心を示した。また、これまでコマ漫画を載せてこなかった一般誌（総合誌、週刊誌、グラフ誌、小説誌など）からも注文が相次いだ。

それと並行して、江戸風俗研究家としてのエッセイの仕事も増えていった。こうして杉浦は漫画とエッセイ二刀を携えて世の中に打って出ていった。

杉浦日向子という一人の表現者が、この二刀流をどのように使いこなしていたのか、それを比較して読むことで何か見えてくるものがあるのではないかというのが、この「エッセンス」を編集する動機の一つだった。

本書では、エッセイで言及したことと響き合う漫画作品を「お江戸漫画館」として収録した。漫画とエッセイを併せて読むと、杉浦が何を考え、どのように表現していったかが立体的に見えてくるような気がする。

本書の第壱章「武家」では、江戸二世紀半余の太平を支えてきた武士たちの暮らしとその愚かしさに迫った文章を集めた。それにしても「忠臣蔵」をストレートに記録した「吉良供養」（「ガロ」一九八一年十二月～一月）は圧巻である。

第弐章「黄表紙」には、杉浦が惚れこんだ江戸の中の江戸「黄表紙」の世界に案内する文章を並べた。そして、杉浦にこの楽しさを教えてくれた先人、正岡容と森銑三、二人にオマージュを捧げる文章を添えた。

杉浦はギャグ漫画も描いている。八四年八月から八六年三月まで「小説現代」に連載された「呑々まんが」である。これは、とことんバカバカしくてそこはかとなくおかしい小話の連続で、杉浦版黄表紙と呼びたくなる。

第参章「遊里」では、江戸の人たちがいそしんだ遊びの文化について書かれたものを集めた。とりわけ遊里に関するものが多いのは、杉浦が吉原には江戸の文化や風俗が凝縮されていると考えていたからだろう。

杉浦の初期漫画作品には吉原が舞台になっている作品が多い。連作漫画「二つ枕」（「ガロ」八一年八月〜十一月）は、その代表とも言うべき作品だ。ここでは「初音」（八一年九月）を掲載した。廓の室内の描写など、密度の高い背景の前で演じられるしっとりとしたドラマを堪能してほしい。

第四章「珍奇」には、オカルト、怪異譚、下ネタなど江戸の風変わりな風俗を紹介する初期のエッセイ連載「お江戸珍奇」（「ＪＵＮＥ」八四年〜八八年）から四編を選んだ。いかにも杉浦好みのテーマが並んでいる（「お江戸珍奇」の全編は『大江戸観光』（ちくま文庫）に収録されている。）。

　第伍章「浮世絵」では江戸文化の華である浮世絵の世界に迫っている。北斎、英泉、写楽、清親、安治といった画家がとり上げられている。

　この章の入り口には葛飾北斎と三女お栄、居候の英泉を主人公にした長編漫画『百日紅《さるすべり》』（八三年十一月〜八八年「漫画サンデー」）から「其の三」の「恋」を収録した。全三十回という「百日紅」の連載が二十回になろうという時期に〈創作〉と銘打って発表された「北斎とお栄」も並べて掲載した。杉浦がどういう意図をもってこれを書いたのかわからない。しかし、「百日紅」の後の時代の北斎とその周辺を小説というかたちで書こうと考えていたのかもしれない。

　杉浦は、英泉にあてたラブレター「善ちゃんへ」も書いている。この文章も収録したが、北斎が生きた世界への関心の深さに圧倒させられる。

　この章の終わりには明治初頭にユニークな風景画を描いた絵師井上安治について書かれた文章を並べてみた。これに併せて「小説新潮」に八五年五月から八六年三月まで連載された「ＹＡＳＵＪＩ東京」の（影・5／12）を収録した。

　第六章「蕎麦」。杉浦はソバとソバ屋をこよなく愛していた。現代にも生きている江戸の空気がソバ屋には漂っているからだろう。そこで親しい編集者たちとソバ好き連（ソ連）を結成し、ソバ屋通いにいそしんだ。その成果を『ソバ屋で憩う』（一九九七年　ビー・エヌエヌ）にまとめた。それを新潮文庫で二度にわたって店名を増補して収められた。同書に掲載されている杉浦の文章の内、杉浦流ソバ入門、ソバのミニ百科として読めるものを収録した。

この文章にあわせて、古川柳を散りばめた「古川柳つま楊子」（「潮」八二年一月〜十二月）から、江戸の食の風景がくっきりと見えてくる三編を収録した。「古川柳つま楊子」は「風流江戸雀」（「潮」八三年一月〜十二月）と合わせて、単行本『風流江戸雀』（潮出版社　八七年）として刊行された。

杉浦は、一九九二年春に、血液の免疫系の病気で、白血病に近い難病であると診断される。それからは漫画家を引退し、江戸風俗研究家として、文筆家として旺盛に仕事を続けていった。毎日新聞の書評委員となり、江戸東京関連本などを紹介していった。また、ＮＨＫテレビ「バラエティ　お江戸でござる」にも出演し、江戸の風俗や文化をわかりやすく解説していった。

最晩年には、杉浦の大好きなお酒とつまみをテーマにしたエッセイを書き、掌編小説も書き始めていた。『ごくらくちんみ』はその代表作で、死と向き合って暮らしていた杉浦の息づかいが伝わってくる作品である。

本書は、『杉浦日向子ベスト・エッセイ』の続編として企画したものであるが、別個に読んでも独立して楽しめるようになっている。『ベスト・エッセイ』は、文章家（エッセイスト）としての杉浦の歩みに沿って魅力的な文章の枠を精選した。本書では、漫画とエッセイの二刀流で江戸から現代までのさまざまなテーマに挑んだ杉浦の表現を楽しんでいただくことを意図して編集した。

本書カバー表1に掲載した写真は、実兄のカメラマン鈴木雅也が、一九八三年に撮影したものである。また、本文巻末に掲載した写真は、新潮社写真部に在籍していたカメラマン田村邦男が一九九七年十二月に「小説新潮」のために高木盆栽美術館で撮影したものである。田村は杉浦が創立したソバ好き連（ソ連）のメンバーの一人であった。（ちなみにこの写真は二〇〇五年十月に開かれた『お別れの会』の際に使用された。）

1997年　高木盆栽美術館　撮影　田村邦男　© 新潮社

本書は文庫オリジナルです。

杉浦日向子ベスト・エッセイ　杉浦日向子

初期の単行本未収録作品から、若き晩年、自らの生と死を見つめた名篇までを、多彩な活躍をした人生の軌跡を辿るように集めた、最良のコレクション。

うつくしく、やさしく、おろかなり　杉浦日向子

生きることを楽しもうとしていた江戸人たち。彼らの紡ぎ出した文化にとことん惚れ込んだ著者がその思いの丈を綴った最後のラブレター。（松田哲夫）

江戸へようこそ　杉浦日向子

江戸人と遊ぼう！　北斎も、源内もみ〜んな江戸のワタシラだ。江戸人に共鳴する現代の浮世絵師が、イキイキ語る江戸の楽しみ方。（泉麻人）

大江戸観光　杉浦日向子

はとバスにでも乗った気分で江戸旅行に出かけてみましょう。歌舞伎、浮世絵、狐狸妖怪、かげま……。名ガイドがご案内します。（井上章一）

合葬　杉浦日向子

江戸の終りを告げた上野戦争。時代の波に翻弄された彰義隊の若き隊員たちの生と死を描く歴史ロマン。第13回日本漫画家協会賞優秀賞受賞。（小沢信男）

ゑひもせす　杉浦日向子

著者がこよなく愛した江戸庶民たちの日常ドラマ。町娘の純情を描いた「袖もぎ様」、デビュー作「通言室乃梅」他8篇の初期作品集。（夏目房之介）

ニッポニア・ニッポン　杉浦日向子

はるか昔に思える明治も江戸も、今の日本と地つづきなのです。江戸・明治を描き続けた杉浦日向子が案内する〝ニッポン開化事情〟。（中島梓／林丈二）

東のエデン　杉浦日向子

西洋文化が入ってきた文明開化のニッポン。その時代の空気と生きた人々の息づかいを身近に感じさせる、味わい深い作品集。（赤瀬川原平）

とんでもねえ野郎　杉浦日向子

江戸蒟蒻島の道場主、桃園彦次郎は日々これやりたい放題。借金ふみ倒し、無銭飲食、朝帰り……起承転々、貧乏御家人放蕩控。久住昌之氏との対談付き。

百日紅《さるすべり》（上）　杉浦日向子

文化爛熟する文化文政期の江戸の街の暮らし・風俗・浮世絵の世界を多彩な手法で描き出す代表作の決定版。初の文庫化。（夢枕獏）

百日紅《さるすべり》（下）　杉浦日向子

北斎、娘のお栄、英泉、国直……奔放な絵師たちが闊歩する文化文政の江戸。淡々とした明るさと幻想が織りなす傑作。

二つ枕　杉浦日向子

夜ごとくり返される客と花魁の駆け引き。江戸は吉原の世界をその背景を含めて精密に描いた表題作の他に短篇五篇を併録。（北方謙三）

YASUJI東京　杉浦日向子

明治の東京と昭和の東京を自在に往還し、夭折の画家井上安治が見た東京の風景を描く静謐な世界。他に単行本未収録四篇を併録。（南伸坊）

温泉まんが　山田英生編

収録マンガ家：つげ義春、つげ忠男、畑中純、ますむらひろし、池辺葵、刀根夕子、松森正、楳図かずお、上村一夫、楠勝平、杉浦日向子、白土三平。

滝田ゆう落語劇場（全）　滝田ゆう

下町風俗を描いてピカ一の滝田ゆうが意欲満々取り組んだ古典落語の世界。作品はおなじみ「富久」「芝浜」「死神」「青菜」「付け馬」など三十席収録。

るきさん　高野文子

のんびりしていてマイペース、だけどどっかヘンテコな、るきさんの日常生活って？　独特な色使いが光るオールカラー。ポケットに一冊どうぞ。

水鏡綺譚　近藤ようこ

戦国の世、狼に育てられ修行をするワタルと、記憶をなくした鏡子の物語。著者自身も一番好きだったという代表作。推薦文＝高橋留美子（南伸坊）

春画のからくり　田中優子

春画では、女性の裸だけが描かれることはなく、男女の絡みが描かれる。男女が共に楽しんだであろう性表現に凝らされた趣向とは。図版多数。

江戸百夢　田中優子

世界の都市を含みこむ「るつぼ」江戸の百の図像（手拭いから彫刻まで）を縦横無尽に読み解く。平成12年度芸術選奨文部科学大臣賞、サントリー学芸賞受賞。

張形と江戸女　田中優子

江戸時代、張形は女たち自身が選び、楽しむものだった。江戸の大らかな性を春画から読み解く。図版追加。カラー口絵4頁。（白倉敬彦）

ちくま文庫

お江戸《えど》暮《ぐ》らし——杉浦日向子《すぎうらひなこ》エッセンス

二〇二二年五月十日　第一刷発行

著　者　杉浦日向子（すぎうら・ひなこ）

編　者　松田哲夫（まつだ・てつお）

発行者　喜入冬子

発行所　株式会社　筑摩書房
東京都台東区蔵前二―五―三　〒一一一―八七五五
電話番号　〇三―五六八七―二六〇一（代表）

装幀者　安野光雅

印刷所　中央精版印刷株式会社

製本所　中央精版印刷株式会社

ISBN978-4-480-43815-7　C0195